总经理财商

钱立文 | 著

**79个案例讲透老板
必须掌控的财务关键点**

北京联合出版公司
Beijing United Publishing Co.,Ltd.

图书在版编目（CIP）数据

总经理财商 / 钱立文著 . -- 北京：北京联合出版公司，2025. 5. --ISBN 978-7-5596-8403-5

Ⅰ.F275-49

中国国家版本馆 CIP 数据核字第 2025JQ7406 号

总经理财商

作　　者：钱立文
出 品 人：赵红仕
选题策划：北京时代光华图书有限公司
责任编辑：管　文
特约编辑：孟春燕
封面设计：柏拉图设计

北京联合出版公司出版
（北京市西城区德外大街 83 号楼 9 层　100088）
北京时代光华图书有限公司发行
文畅阁印刷有限公司印刷　新华书店经销
字数 227 千字　787 毫米 ×1092 毫米　1/16　19.75 印张
2025 年 5 月第 1 版　2025 年 5 月第 1 次印刷
ISBN 978-7-5596-8403-5
定价：88.00 元

版权所有，侵权必究

未经书面许可，不得以任何方式转载、复制、翻印本书部分或全部内容
本书若有质量问题，请与本社图书销售中心联系调换。电话：010-82894445

前　言

我在企业财税领域工作了三十多年，先后做过基层会计、财务经理、财务总监、总经理和董事长，发现很多人在很多情况下是凭经验、凭感觉、凭直觉做决定或者做决策的，这常常会导致工作方向错误、行动失败或目标落空。我从不否认经验、感觉、直觉的重要性，这其实也是一种智慧，是他们多年工作积累的成果。他们经验非常丰富、感觉非常敏锐、直觉非常灵敏，有时一眼就能知道问题所在。但是，他们的经验、感觉和直觉是建立在业务视角的一技之长的基础之上的，这通常会带来两个方面的问题：一是没有财商思维驱动，缺乏财务视角的论证，难免看走眼判断错误；二是在做事花钱时一般使用业务思维，依赖企业的资源投入，复制以前的方式方法，结果是运营效率难以提升、企业发展停滞不前。

比如，资金非常紧张的企业，老板仍然一门心思搞产品开发、市场开拓、产能扩充、队伍扩大，与供应商谈判的时候按惯性思维"先压价格，再谈账期"。为扩大销售、稳住客户，导致销售账期越拉越长；为及时向客户交付产品致使库存越积越多，结果资金链断了。之前根本没有意识到应当将"利润"和"资金"作为两条主线单独管理。

老板要求增加营业收入，销售部门就要求产品降价、信用放宽、增加人员、增加提成、增加广告；老板要求提升产能，生产部门就要求增加库存、增加设备、增加人员、增加仓库。但老板真正想要的是：改进、优化、创新做事花钱的方式，将资源驱动调整为创新驱动（包括管理创新、营销创新、研发创新）。

目前环境下，很多企业业绩增长乏力，希望通过降本增效提升企业利润，结果变成简单粗暴地砍成本、砍费用，企业规模越做越小。他们忽视了降本增效的本质在于追求合理投入而不是削减各项开支。

大部分老板对降低税收负担、预防涉税风险一无所知、一筹莫展，其实问题不是出在财务和税务两个方面，而是出在决策和业务上，税务规划应当由老板主导、业务参与、财务配合（提供税收政策支持）。

……………

上述现象在中小民营企业司空见惯。

我做了三年的总经理、七年的董事长以后，更加意识到缺乏财商思维和数据支持，不懂财务管理的经营管理者，很难把控关键控制点，难以先知先觉，致使决策经常出现方向性错误，让企业的经营陷入南辕北辙的境地。

本书要达到的目的是：帮助读者看懂财务报表、做对经营决策，引导读者以数据驱动经营，用管理创造效益，倡议企业经营管理紧紧抓住三个关键点——利润、效率和风险。本书为企业的经营管理层量身定制，抓住财税管理的精髓，并以案例故事的方式呈现，通俗易懂、生动有趣。

前 言

本书视角和观点别具一格、独具匠心：

源自一线实战——三十多年的企业财务税务和经营管理实践经验积累；

案例亲身经历——七十九个真实发生的鲜活案例讲透财商思维的应用；

特别通俗易懂——没有空洞的说教、枯燥的理论、无聊的术语；

助力企业成长——帮助企业实现利润目标，提升运营效率，控制财税风险。

本书适合如下人群：

企业董事长、总经理及其他高管。其中的大部分人不是财税专业人士，但是完全不用担心内容晦涩难懂、乏味无趣，因为本书不涉及会计专业知识，分享的完全是一套保障目标达成、效率提升、风险可控的理念和方法，通过真实案例把读者带入应用场景，读来不枯燥、不复杂、不死板、不肤浅，而且有干货、有趣味、有高度、有深度。

财务负责人及财务税务行业从业者。尽管这些人是我的财税专业同行，但是这本书仍然值得他们借鉴，因为这本书跳出财务看经营，解决财务和老板"鸡同鸭讲"的尴尬问题，帮助企业财务转型、业财融合、创造价值。

创业阶段或准备创业的个体工商户。不用担心看不懂财务报表，本书可以指导他们全面掌握财税和业务的底层逻辑，通过培育财商思维，看懂财务报表，识别经营风险，做对经营决策，把控关键节点，做好税务规划。

限于我的水平和经历，书中定有疏漏、不妥甚至错误之处，欢迎读者批评指导。

好吧，让我们带着下列问题，正式开始财税管理领域的交流和分享：

为什么利润目标总是完不成？

为什么营业收入总是上不去？

为什么成本费用总是控不住？

为什么有利润但企业总缺钱？

老板和财务怎样才能同频道？

为什么应收账款和库存总是管不好？

为什么部门总想增加各种资源投入？

业绩增长乏力，降本增效如何落地？

企业税收负担太重，如何合理规划？

企业涉税风险太大，如何事先预防？

钱立文（钱力老师）

目 录

案例列表 / 10

第一章 管理者为什么必备财商思维

一 运用财商思维,企业涅槃重生 / 003
做对经营决策,需要财商思维 / 003
好的财务管理,需要财商思维 / 005
财务管理不只是财务部门的事 / 006

二 运用财商思维,管人不再是难事 / 011
专业技能不是成事的唯一因素 / 011
不要让管人和管钱成为制约企业发展的能力短板 / 013

三 财务管理的三个关键点 / 016
利润——是否可图 / 017
效率——是否高效 / 019
风险——是否可控 / 022

第二章　如何实现利润目标

一　企业盈利的商业秘密 / 027
企业盈利的底层逻辑分析 / 027
企业盈利的通用法则 / 031
如何判断企业的赚钱能力 / 032

二　收入增长的财务策略 / 035
哪些收入类型会影响利润 / 035
最有效的降本控费方法 / 042
如何平衡销售增长和资金投放 / 045
如何实现客户量与销售额双增长 / 048
如何突破业绩瓶颈 / 050

三　哪些支出会抵减收入 / 052
是成本，还是费用 / 052
划分支出的意义 / 055

四　如何有效地控制支出 / 057
是削减支出，还是合理投入 / 057
如何提升产品的获利空间 / 059
如何挖潜费用的压缩空间 / 065

五　边际贡献是怎么回事 / 070
如何区分固定支出和变动支出 / 070
如何运用边际贡献做产品决策 / 073
如何管控企业盈亏平衡的边界 / 075

六　利润表分析实战运用 / 081

第三章 如何提升运营效率

一 运营效率的三大载体 / 089
时间效率 / 089
人工效率 / 096
资金效率 / 100

二 如何评估资金效率 / 100
衡量资金效率的重要指标 / 100
轻资产运营提升效率的关键 / 102
资金分析的五个维度 / 106

三 如何管理应收账款 / 111
应收账款管理应考虑哪些因素 / 111
选择客户 / 114
信用管理 / 116
合同管理 / 120
报价管理 / 121
订单管理 / 122
发货管理 / 123
发票管理 / 125
收款管理 / 126

四 如何进行库存控制 / 127
库存及其管理的必要性 / 127
库存的持有成本影响 / 128
库存管理的衡量指标 / 130
库存控制的策略 / 131
库存控制的经验 / 133

第四章 如何控制财务风险

一 企业生存的基本条件 / 137

二 财务风险的评估 / 138
企业资金从何而来 / 138
如何评估财务风险 / 150
资产负债表实战运用 / 155

三 现金流的重要性 / 162
如何计算现金流量 / 162
现金流分几类 / 165
现金流量表实战运用 / 174

四 区分利润和现金流 / 179
为何经营有利润，账上没有钱 / 179
如何从根源上解决现金流不足问题 / 181
净利润和现金流哪个更重要 / 185
七剑合璧破解财务风险 / 187

第五章 如何预防税务风险

一 税务风险的来源 / 196
被举报 / 197
被预警 / 199
被关联 / 208
被抽查 / 209

二 税务风险及其后果 / 211

经济后果 / 211

刑事后果 / 215

信用后果 / 223

三 税务风险的防范 / 226

正本清源，找对税务筹划的根源 / 226

八仙过海，税务筹划的顶层架构 / 231

六脉神剑，增值税的规划 / 243

独孤九剑，通盘解决企业所得税问题 / 249

第六章 财商思维实战运用

一 如何建立价值模型 / 263

盈利能力 / 269

运营能力 / 270

偿债能力 / 270

成长能力 / 271

资金安全 / 271

二 如何为绩效管理保驾护航 / 271

三大机制 / 272

三大目标 / 273

三 经典案例，细节回顾 / 282

背景介绍 / 282

托管，寻求突破 / 284

精彩回放，首战告捷 / 287

抓住机遇，柳暗花明 / 294

案例列表

案例 1-1　从技术部门投放研发经费看财务管理 / 007

案例 1-2　从销售部门的信用管理看财务管理 / 008

案例 1-3　企业共同面临的管理短板是什么 / 013

案例 1-4　哪种人最难管 / 015

案例 1-5　老乡鸡的短视频营销奇迹 / 020

案例 1-6　资金链断裂，谁是罪魁祸首 / 022

案例 2-1　如何实现跳跃式增长 / 034

案例 2-2　是 1,000 万元，还是 2,000 万元的销售收入 / 036

案例 2-3　划分收入的意义是什么 / 038

案例 2-4　谁的盈利质量更好 / 041

案例 2-5　什么是 BOM 定价法 / 044

案例 2-6　开发新客户，维护好老客户 / 049

案例 2-7　你会区分成本和费用吗 / 053

案例 2-8　为何汾酒集团的盈利能力不断提升 / 057

案例 2-9　一味地削减支出不是控制成本费用的良方 / 058

案例 2-10　如何减少产品的材料成本 / 059

案例 2-11　如何降低原材料的采购成本 / 061

案例 2-12　生产车间如何降本增效 / 064

案例 2-13　研发费用去哪儿了 / 065

案例 2-14　如何控制运输费用 / 067

案例 2-15　如何保障培训效果 / 068

案例 2-16　如何制定特价菜的最低价格 / 072

案例 2-17　应当淘汰亏损产品吗 / 073

案例 2-18　降价策略是否可行 / 075

案例 2-19　特殊订单，接还是不接 / 077

案例 2-20　如何定夺自制和外购 / 078

案例 2-21　如何通过利润表发现问题、做对决策 / 082

案例 2-22　从实例中发现利润表的问题 / 084

案例 3-1　如何把财务人员从报表中解放出来 / 090

案例 3-2　如何借力提升人工效率 / 097

案例 3-3　减薪降薪能让企业走出困境吗 / 098

案例 3-4　资金分析，五个维度一个都不能少 / 107

案例 3-5　为什么得出错误的存货分析结论 / 109

案例 3-6　应给客户的信用额度及信用期限 / 117

案例 3-7　大单来了，接不接 / 122

案例 3-8　发货环节差错多，怎么办 / 124

案例 3-9　库存是万恶之源吗 / 128

案例 3-10　库存的持有成本是如何侵蚀企业利润的 / 129

案例 4-1　为什么不以原始成本定价转让股权 / 140

案例 4-2　3,000 万元收购的公司为何能卖到 3 亿元 / 141

案例 4-3　视同股东分红补缴个税的五种情形 / 143

案例 4-4　看懂会计报表，做对经营决策 / 149

案例 4-5　借款炒房是明智选择吗 / 153

案例 4-6　公牛集团的资产负债表分析 / 158

案例 4-7　某上市公司的资产负债表分析 / 160

案例 4-8　出租车运营项目的关键风险点 / 162

案例 4-9　如何区分出租车运营项目中的筹资、投资、运营 / 167

案例 4-10　家庭收支的现金流应用 / 169

案例 4-11　如何通过现金流组合助力企业科学决策 / 171

案例 4-12　公牛集团的现金流组合分析 / 177

案例 4-13　某上市公司的现金流组合分析 / 178

案例 4-14　亏损的企业如何能分红 / 179

案例 4-15　业务流与现金流的关系 / 180

案例 4-16　如何解开资金管理的死循环 / 182

案例 4-17　怎么出现的重大决策错误 / 185

案例 4-18　现金流管理实战综合案例 / 187

案例 5-1　企业赚的钱会有多少能落袋为安 / 195

案例 5-2　工资账外补差，员工举报的高危领域 / 198

案例 5-3 虚开发票，企业会被税务自动抓取 / 202
案例 5-4 企业是如何被金税系统抓现行的 / 203
案例 5-5 电商企业是因何被税务系统预警的 / 204
案例 5-6 接受虚开发票被关联 / 209
案例 5-7 1,000 万元账外收款的经济损失 / 213
案例 5-8 虚开 1 亿元增值税专用发票构成犯罪吗 / 219
案例 5-9 大数据推送的虚开增值税专用发票案 / 220
案例 5-10 虚开普通发票的法定代表人被移送公安 / 222
案例 5-11 到底应以谁的名义买房或买车 / 226
案例 5-12 化妆品加价销售的决策害死企业 / 228
案例 5-13 如何解决酒店的无票采购难题 / 233
案例 5-14 房产中介如何进行税务筹划 / 235
案例 5-15 股权设计必须考虑税务需求 / 236
案例 5-16 看懂公牛集团股权架构下的秘密 / 238
案例 5-17 医美机构能否享受增值税免税政策 / 244
案例 5-18 批发零售行业可以享受研发加计扣除优惠政策吗 / 255

案例 6-1 数据驱动经营的必要性 / 263
案例 6-2 哪家企业的股东更赚钱 / 266
案例 6-3 仓管员为什么对考核感兴趣 / 275
案例 6-4 如何将贷款利率从 8.3% 降为 3.8% / 277
案例 6-5 怎样把旧衣服卖出更高的价格 / 281

第一章

管理者为什么必备财商思维

一　运用财商思维，企业涅槃重生

做对经营决策，需要财商思维

利润＝收入－支出，这个利润的计算公式揭示了古今中外所有企业赚钱的不二法宝，一是开源，二是节流，从而实现投入产出效率最大化。其实，不管是过去的、现在的还是将来的企业家，都应当重点抓两件事——以营销的手段将销售收入做上去，以财务的方法将成本费用控制住。这就意味着老板不仅要懂业务，还要懂财务。

稻盛和夫认为："如果不懂会计，就不能成为一个真正的经营者。"作为企业的经营管理者，如果能懂点财务，有财商思维，便如虎添翼，很容易让企业脱颖而出。就像人们常说的那样，你不一定要跑得过老虎，只要跑赢同伴就行。懂财务的管理者，通常比不懂财务的管理者有着更高的格局和境界，以及更好的平衡性和判断力。

运用财商思维，做对经营决策，可以让企业涅槃重生。我们曾经给杭州的一家企业做了三年的财税顾问。这是一家民营企业，已经创建15年了，其销售额最高做到了年收入9,000多万元，但是1亿元成为他们难以突破的瓶颈。在2018—2020年，该企业累计亏损1,000多万元。面对严峻的内外部环境（材料价格疯涨、内部资金紧张、人心涣散等），老板狠下决心，将企业（以下称托管单位）委托我们代为经营管理（类似于承包或外包），于是我便成为这家托管单位的总经理，手握决策权，而托管单位老板则变成主管销售的副总经理。

托管单位与我们签下三年的对赌协议，主要内容如下：

我们常年派驻管理者代表2~3人，但是不拿托管的工资奖金，不在托管单位报销任何开支，托管单位也不支付咨询顾问费用。

以2020年度的净利润（当年亏损350万元）为基数计提增量收益。如果没有利润增长，我们就没有收益；如果产生利润或扭亏为盈，我们会按托管单位新增利润的一定比例计提增量收益。

这是以利润为交付成果的最深程度的咨询项目，咨询范围除了企业的财务、税务两个方面之外，还包括销售、生产、研发、质量、采购、仓储、人事等诸多方面。在受托的三年里，我们不断面对企业困境：没有销售订单怎么办？有了销售订单，生产不能按期交付怎么办？出现严重质量问题怎么办？原材料价格翻倍增长怎么办？成本费用居高不下怎么办？应收账款收不回，资金转不动怎么办……但这些问题逐一得到了解决。

2021年，我们首战告捷，托管单位的销售额终于突破1亿元的瓶颈，达到1.25亿元，也终于扭亏为盈，实现利润258万元（看似不高，实属不易，因为当年原材料价格几乎翻倍！）；2022年，我们再接再厉，销售额达到1.65亿元，利润1,275万元；2023年，我们再续辉煌，销售额突破 2 亿元，利润突破 2,000 万元。

我们的团队成员，基本都是有着财税背景的专业人士，他们除了懂些财务知识之外，几乎不懂销售、不懂生产、不懂技术、不懂采购、不懂运营……但是，在受托经营管理的三年当中，他们既没有淘汰托管单位的中高层，也没有引进外面人才，还是原来那些人，为什么能让这家企业利润翻倍，并且涅槃重生呢？

我们的总结是：一是运用财商思维，做对经营决策；二是数据驱动经营，管理创造效益。

好的财务管理，需要财商思维

实现企业利润最大化

财务管理，是指通过合理有效的方式筹集资金、投放资金和使用资金，使企业价值最大化，这离不开财商思维的支持。

大家应该发现，财务管理的目标和企业管理的目标几乎完全一致。企业作为一种以营利为目的的经济组织，在实现生存和发展的基础上，其终极目标就是实现企业利润最大化、股东利益最大化。换言之，企业从成立的那一刻起，盈利就是它的使命。

提升运营效率

如何实现财务管理的目标？从财务管理的定义来看，其唯一的手段就是资金管理。其中筹集资金属于搞钱的范畴，投放资金和使用资金属于花钱的范畴，无论是搞钱还是花钱，都有一个共同的要求,即合理有效。也就是说,必须在控制融资成本的同时提升运营效率。

以资金管理为核心

企业管理以财务管理为核心,财务管理以资金管理为中心。

财务管理和企业管理的目标完全一致,渗透到企业经营管理的方方面面、所有环节,其纲举目张,带动企业管理的全面提升。比如,以科研为核心,就会把企业当成研究所;以生产为核心,将会把企业当成生产车间;以市场为核心,就会把企业当成销售部。当然,以财务管理为核心,就会以追求利润最大化为目标,实现企业投入产出的最大化,绝非以财务部的工作为中心展开经管活动。

企业经营管理的一切活动离不开资金的支持,如果能紧紧抓住资金管理这个牛鼻子,想方设法提升资金效率,千方百计控制成本费用,就能实现财务管理的目标。就此而言,财务管理就是资金管理,纳税筹划、融资规划、资本运作、成本管理、内部控制等,既属于财务管理的领域,也是资金管理涵盖的内容。

财务管理不只是财务部门的事

大家对财务管理有一种很深的误解,总以为财务管理就是财务部门的事情。其实财务管理是资金管理,它包括筹集资金、投放资金和使用资金。筹集资金通常属于财务部门的职责,但是投放资金和使用资金则往往是各个职能部门和业务单元的事情了!

案例 1-1

从技术部门投放研发经费看财务管理

假设你是产品研发经理,目前有三款产品由你开发并维护。企业希望你做一个研发经费预算方案,并根据你上报的预算方案决定需要投入多少资金,以及如何使用研发费用才能实现投入产出效率最大化。

显然这个项目属于财务管理的范畴,要想知道需要投入多少研发经费,如何合理有效地投放和使用研发经费,就要确定由谁来做决定。这当然不是财务部门的事情,而是研发部门的事情!

但是,如果研发经理缺乏财务数据的支持,缺乏财务管理的意识,就很难做出科学有效的决策。

研发经理最起码需要知道,三款产品目前的销售状况、盈利能力和未来的市场前景:

- 假设目前 A 产品的销量很好,但是不赚钱,进一步分析发现,是因为 A 产品的成本太高了。这可能需要投入研发经费进行技术改进,通过运用新技术、新材料、新工艺的方式降低产品成本。

- 假设 B 产品的毛利高,但是销量差,进一步分析发现,是因为产品的品质、功能,或者体验不够好。这可能需要投入研发经费进行相应的产品优化。

- 假设 C 产品的销量不好,也不赚钱,结合市场前景分析发现,这是一个机遇性的产品,市场机会只有一两年,甚至会转瞬即逝,它是没有未来的。要不要在这个产品上投放研发经费进行技术改造呢?结论是显而易见的!

这些都应由研发部门自主判断后做出决定，而想要判断准确，当然需要充分的财务数据和市场信息。

这才是财务管理的第一步。研发部门还需要进一步思考：要不要建厂房？要不要买设备？以及需要多少材料、需要增加多少人员、预计发生多少费用等。

在这个基础上，研发部门还要进一步做价值流向的决策：在技术、质量、功能、外观和体验上，如何分配研发经费的投入才能达到价值最大化的目的（见图1-1）？

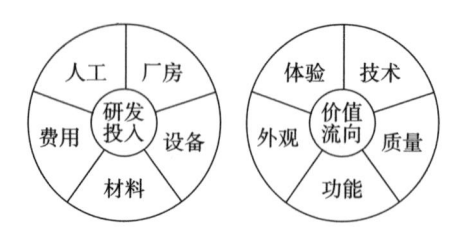

图1-1　研发经费投入的思考方向

案例 1-2

从销售部门的信用管理看财务管理

某公司通过信用管理的方法来管控应收账款，如果你是该公司的销售管理部经理，你会如何审核市场管理部拟定的经销商下一年度的商务政策？包括信用期限、信用额度等方面的问题。

这其实也属于财务管理的范畴：你准备让每个客户欠多少钱？欠多长时间？第一个问题叫作应收账款的总额管理，第二个问题叫应收账款的期限管理。

这两个问题将由谁来做决定？这当然也不是财务部门，而是销售部门。

同样，销售经理如果缺乏财务数据的支持、缺乏财务管理的思维，就很难做出科学有效的决策。

这需要销售经理能够掌握多维度的财务数据和市场信息（见图1-2）：

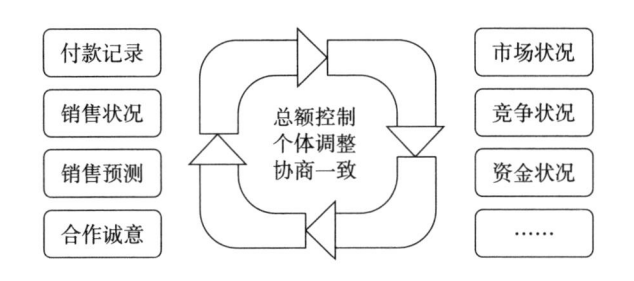

图 1-2　信用管理决策支持模型

付款记录

这是信用管理最关键的决策支持，也是财务部门能够为业务赋能的地方。可以让一家客户欠款多少额度、欠款多长时间？首先看客户的企业诚信状况，然后看客户的资金支付能力。如何获取这两类信息？如果客户就是一个"欠你没商量"、不讲诚信的老赖，如果他很想讲诚信但是连员工工资都发不出了，那么付款记录一定会将其违约行为记录在案。付款记录一贯良好的企业，说明它不但诚实守信，而且资金运转顺畅，给予其一定的信用支持是没有问题的。

销售状况

如果企业的大客户在资金方面暂时遇到一些困难，可以考虑给予一些信用支持。

销售预测

如果某客户目前的销量不好，但是成长性很好，其经营管理能力也很强，给予其信用支持，说不定将来能成为我们新的收入和利润增长点。

合作诚意

合作多年的独家经销或独家代理的客户，给予信用上的倾斜可能是理性的选择；如果这类客户代理了几十个品牌，我们的产品对他而言可有可无，那就没有必要对其加大信用方面的投入。

竞争状况

如果我们的企业所处行业的市场竞争非常激烈，竞争对手都在通过信用支持来抢占市场、争夺客户，那么在信用管理上我们可能就不得不跟进。

资金状况

除了考虑客户的资金状况以外，自己的资金支付能力也是我们必须考量的重要因素。如果我们的企业资金比较充足或者融资能力比较强，可以适当放宽信用管理，以争取更多的客户、抢占更多的份额；如果我们企业的现金流非常紧张，那就没有多余能力给予客户更多的信用支持。

以上两个案例告诉我们：研发投入和信用管理并不是财务部门的岗位职责和工作内容，而是各个职能部门、业务单元不得不思考和决策的事项。如果你不想拍脑袋做出武断的决定，就需要一定的数据支持。大多数由业务部门和企业自主决定的管理方案或决策都是建立在财务数据分析的基础之上的。

可以这样认为：财务管理是各个职能部门、业务单元的事情；业务决策失去财务信息支持就是拍脑袋的武断行为；财务能为业务赋能，成为业务的合作伙伴；财商思维和财务信息是做好财务管理的关键。

二　运用财商思维，管人不再是难事

专业技能不是成事的唯一因素

所有企业的职能部门、业务单元每天都在做三件事：专业管理、财务管理和人力资源管理。我们常常津津乐道于自己的专业技能，而忽略了管人、管钱的职责（见图1-3）。专业技能并不能包打天下，管钱、管人的能力短板常常制约个人专业特长的发挥。

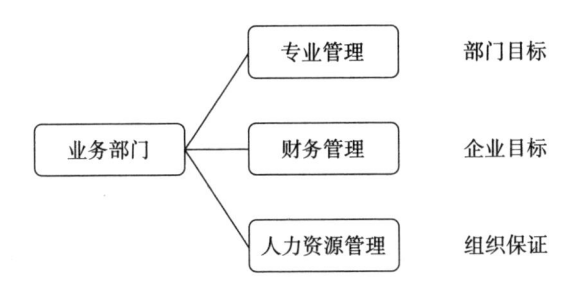

图1-3　业务部门的三大职责

做事

专业技能是我们完成本职工作的能力要求。通常我们在专业院校系统学到的知识体系有可能成为我们工作以后的一技之长、看家本领，是我们做事的起点。比如，销售人员的头等大事便是将产品卖出去、货款收回来，生产部门的主要职责是按期保质地向客户交付产品……这些属于做事的层面，也是业务人员应当完成的部门目标。

用人

团队管理是达成部门目标的组织保证。每一个业务部门的负责人都不是光杆司令，是不能单打独斗的，如何管理、协调、激发所在团队成员自动自发地投入工作，形成强大的凝聚力和战斗力……这些属于用人层面的事情，也是业务部门达成目标的组织保证。

管钱

财务管理是实现企业目标的核心支撑。在做成某件事之前，能不能找到更好的方法让资金投入和使用更有效率？比如，我们准备花多少钱？如何花？还能再少花一些吗？等等。这些属于管钱层面的事情，也是业务部门必须平衡的企业目标。

业务部门依靠团队达成部门目标的时候，应当以财商思维来弥补专业思维的局限，必须考虑以花钱更省的方式来做事。比如，销售人员在完成本职工作时，必须思考：怎样才能销量多一点，同时卖个好价钱、回款快一点、费用省一点，不能一味地用企业的资源投入来完成自己的部门目标，而将企业目标的实现置之脑后。

不要让管人和管钱成为制约企业发展的能力短板

没有财商思维，管钱和管人往往成为管理者的能力短板，制约了企业的发展。多数创业者或管理者，从创办企业或者走上管理岗位的那天起，就不得不在"管人"和"管钱"之间来回纠结。相对于专业技能而言，他们管人和管钱的知识和技能几乎空白，为此付出了不小的代价。

案例 1-3

企业共同面临的管理短板是什么

企业经营者必须明白，制约企业发展的瓶颈在哪里，企业的短板是什么，以便对症下药，做对决策（见图 1-4）。

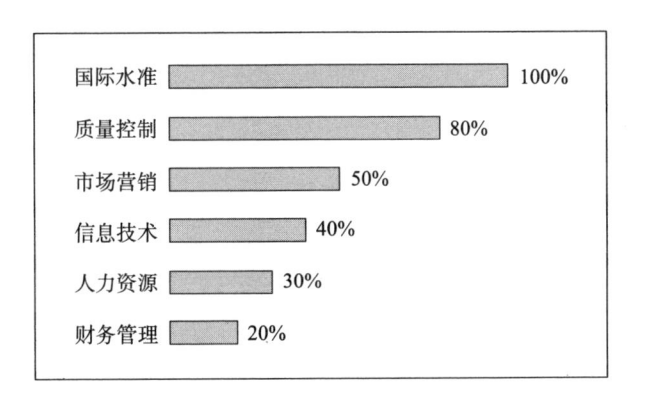

```
国际水准    100%
质量控制    80%
市场营销    50%
信息技术    40%
人力资源    30%
财务管理    20%
```

图 1-4 中国企业的管理短板示意图

有人说我们企业的质量管理还有待改进，有人说我们的市场推广还不太满意，也有人说我们的信息化应用还比较落后……这些因素有可能制约企业发展。但是我们可能忽视了另外两个重要因素——人力资源管理和财务管理，它们可能是企业共同面临的管理短板。

我在浙大总裁班上课，常常问老板两个问题：对企业的人力资源管理满意吗？对企业的财务管理满意吗？回答满意的老板寥寥无几。我们可以通过以下几项内容测试企业的财务管理意识：

- 是否认为财务管理、预算管理就是财务部门的事情；
- 是否以财务数据、财务分析资料为决策依据；
- 是否疏忽建立内部制度、流程、表单；
- 是否经常依赖企业资源投入完成业务目标；
- 是否缺乏财务管理和风险控制的意识和能力；
- 是否忽视控制成本费用；
- 应收账款是否太多；
- 库存是否太高；
- ……

请注意，管人、管钱的能力短板，不仅仅是说企业的人力资源部的管人能力不行、财务部的管钱能力太差，而是说企业的各个业务部门尤其是部门负责人的管人和管钱的能力亟待提升。因此"非财务经理的财务管理"（简称"非财"）和非人力资源经理的人力资源管理（简称"非人"）两类培训应运而生，而且需求非常大，以期能够弥补管理者这两个方面的能力短板。

有的老板说，他对财务确实一窍不通，应该补一补这个短板，但是他对管人还是有些心得体会的。但是以我个人经验来看，相对于专业技能而言，大多企业管理者的人力资源管理能力如同财务管理能力一样，是非常欠缺的，有必要同时补上。

案例 1-4

哪种人最难管

哪种人最难管？面对不同的人，该如何管？

这两个问题其实在管人方面属于比较简单的，但是蕴含了很多人力资源管理的理念和方法（见图 1-5）。

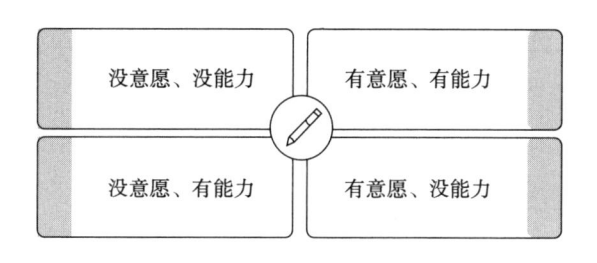

没意愿、没能力	有意愿、有能力
没意愿、有能力	有意愿、没能力

图 1-5 人员管理的四象限分类法

"一招鲜吃遍天"是行不通的，千万不能用同一种方式包打天下。建议管理者将员工按照能力和意愿的组合进行分类，以便用不同的方法进行管理。

有人说，没意愿、没能力的人是最难管的。理论上确实如此，实际上在管理上我们通常追求性价比，不是去寻求最优解而是次优解。既然这些人最难管，那就干脆不用管。因为管理这些人的成本太高了，不值得在他们身上大费周章，如果企业实行减员增效或末位淘汰制，他们就是第一人选。所以，不需要安排他们出去培训，也不分配给他们重要工作，更不必为他们晋升加薪，一有机会就可以将其淘汰出局。

没意愿、有能力的人是最难办的。一些民营企业老板为了管理规范和长远发展，在行业内高薪聘请职业经理人空降企业，没想到，由于水土不服，以前是龙的他们，现在变成了虫。他们的能力是毋庸置疑的，其业绩在行业内也是众所周知、公认的。然而，由于学习、工作、生活环境等方面的不同，他们很难理解或认同现在所服务企业的文化、理念和氛围，所谓道不同不相为谋，这让他们空有一身本事而无从发挥，反而成为企业的定时炸弹。那么，如何管好这些人呢？必须前置管理，在招聘环节把好关、找对人。

有意愿、有能力的人是企业的福报。但是管理不当，会让这些人变得有能力、无意愿或者是有意愿、无能力，甚至到竞争对手那里施展才华。针对这类人，务必做好两件事：一是授权，给其职权、给其舞台、给其空间，不要捆住他们的手脚，也不要对他们指手画脚；二是分享增量收益，激励他们更主动地工作。

有意愿、无能力的人是最好管理的一类人。他们很想把事情做好，只是因为能力不够、经验不足，培训、帮扶就好了。

三　财务管理的三个关键点

很多企业老板和财务人员之间的交流常常是各说各话，互不理解。我想主要是二者之间缺乏共同语言造成的。表面看来，财务除了懂点会计知识之外，其他的一窍不通，而老板除了不懂会计知识之外，

第一章 管理者为什么必备财商思维

其他的样样精通。这就需要老板和财务各自向对方走近一步，老板要懂财务，财务要懂业务，这样一来，双方才能换位思考、同频交流。

会计报表项目繁多、晦涩难懂，老板们不爱看，通常也看不懂。财务人员能不能站在老板的角度，去这样跟他交流：三张会计报表只有三个关键点——利润、效率和风险，即如何实现利润目标？如何提升运营效率？如何控制财税风险？我相信所有企业老板的眼睛都会为之一亮，这不就是老板们梦寐以求想要做到的事吗（见图1-6）。

利润
利润最大化或
股东利益最大化

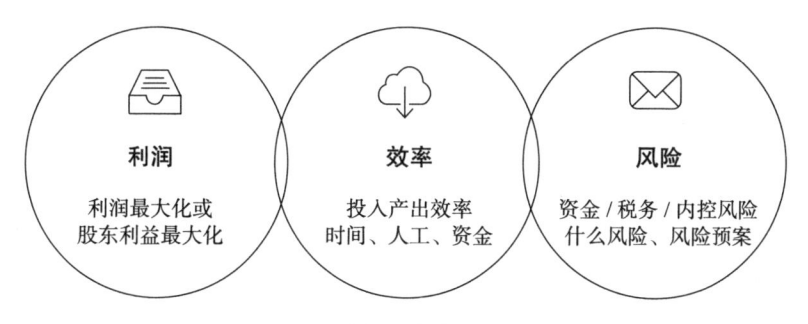

效率
投入产出效率
时间、人工、资金

风险
资金/税务/内控风险
什么风险、风险预案

图1-6 财商思维的三个关键点

从一定的角度来看，"财商思维＝企业思维＝老板思维"。财商思维是财务管理的起点，有了财商思维，管理者做事花钱就多了一个非常重要的思考维度——财务视角：如何花钱做事，才能利润更多、效率更高、风险更小？管理者能够在业务视角和财务视角的平衡下，更加理性地思考，从而做对经营决策。

利润——是否可图

大多数老板和财务人员具备利润的思维模式，这是因为企业管理和财务管理的目标一致，都是利益最大化、股东利益最大化。但是，在很多情况下，大多数企业的职能部门、业务单元缺乏利润观，他们会拼命地投入企业的资源来实现部门目标。

某企业总经理给销售部门下达目标："王总，今年一定要撸起袖子加油干，把前三年的损失补回来，让企业销售收入在去年的基础上翻一番。"王总回答："保证完成任务！但是能不能给业务员的提成增加2个点？产品价格下调10个点？增加50个销售人员？广告宣传投入能不能增加1个亿？"

销售经理这种花钱做事的方式，是否有助于利润最大化或利润目标的达成？有没有财商思维？显然，答案是否定的。在满足这些资源需求的条件下，就算让财务总监去做销售，也是能完成销售目标的。以这种简单粗暴的资源驱动方式实现的部门目标根本无助于企业利润目标的达成，这是销售部门单纯依赖企业资源投入的懒汉思维，是无法体现销售部门专业人士的智慧、努力和创意的。

该企业总经理接着给生产部门下达目标："李总，今年的销售收入要求翻一番，你们生产部门千万不能拖后腿，产能也要跟着翻一番！"李总回答："保证完成任务！但是库存能不能增加5,000万？设备能不能增添500万？工人能不能再招50人？仓库能不能新增5个？"但凡有财商思维的生产团队，通常能在利润目标的驱动下，更多地从工艺、工装、工序等方面的优化上动脑筋，或者从外购、外包、外协上做文章，从人、机、料、法等环节上发现问题并解决问题，而不会一味地利用企业的资源投入，实现自己的部门目标。

在实际工作中，由于这些部门的人员缺乏利润思维，很难意识到企业通常是在有限资源约束下进行经营管理的，一旦企业没有满足销售和生产等部门提出的资源需求，他们就会抱怨：既让马儿跑，又不给马儿吃草或者不给马儿吃饱。如果最终目标没达成，他们也会因此心安理得、处之泰然。

效率——是否高效

企业竞争越来越激烈，效率的观念就变得越来越重要，主要表现在三个方面：时间效率、人工效率和资金效率。

时间效率

是否能让客户满意，取决于产品的四大属性——价格、质量、交期和服务，其中的交期说的就是时间效率。比如，以前生产一台冰箱需要 3 天时间，现在只要 4 个小时，这就是经过流程再造后时间效率提升的充分体现。

如果某企业接单后产品交付客户需要一个月的时间，而竞争对手交付时间不到一个星期，那么，该企业如何战胜竞争对手？该企业的销售部门又该如何更好地拓展市场、维护客户？改善流程效率，缩短产品交期，加速资金周转，对提升企业的运营质量越来越重要。

人工效率

随着人工成本不断增加，很多企业发展受到制约。人工效率的提升变得刻不容缓。拿一句很俗的话比喻人工效率非常合适："3 个人干 5 个人的活，拿 4 个人的工资。"3 个人干 5 个人的活，对企业而言有效率；3 个人拿 4 个人的工资，对员工而言有效率。

有些缺乏财商思维和效率观念的人就会提出疑问：3 个人干 5 个

人的活，还不得天天加班加点？即使不要多出来的那些工资，也不想每天累半死。这里面有一个假设误区：如果照搬照套以前的做法，当然可以预见这样的结局。但是，一旦能够在方法措施上有调整、改善、优化、创新，说不定3个人就能干5个人的活，甚至会更加轻松愉快！

某企业某年财务核算会计1,800多人，企业领导层认为财务团队人浮于事、机构臃肿，要求他们用一年的时间将核算会计的人数减掉一个零。该企业财务团队用了一招——建立财务共享中心，便在一年以后把财务核算会计减少到260人。

要提升人工效率乃至时间效率，需要养成思考习惯，提高思考能力，并在做事的方法上不断地调整、改进、创新。

资金效率

企业发展的传统动力机制是资源驱动（要素驱动）。相对于时间效率和人工效率，资金效率对企业来说更为重要。所以，为了提高资金运营效率，一定要想方设法把传统的动力机制调整为创新驱动，包括管理创新、营销创新、研发创新等，这就需要企业在花钱的方式上不断地思考：能调整吗？能优化吗？能创新吗？

案例 1-5

老乡鸡的短视频营销奇迹

老乡鸡是一家总部设在安徽合肥的企业，号称国内快餐连锁行业第一品牌。我们从2019年开始到现在，一直帮老乡鸡主板上市做辅导和赋能。2020年初，受新冠肺炎疫情影响，老乡鸡几百家门店不能正常营业，上万名员工不能正常上班，面临现金流困境和企业生存问题。董事长心想，企业不能复工复产，又要准备上市，可以利用这段时间在没有门店的城市做宣传、推广。

营销团队很快做了一稿方案报董事长审批，预算约1.2亿元。董事长仔细看了方案，无非是"刷公交、刷路牌、刷地铁"或者找影视明星代言，只不过营销地点由合肥换到了杭州，代言的明星由这个人换成了那个人，这种老掉牙的招式早被用滥了。于是，他直接将方案退回给营销团队，并要求营销团队将预算金额砍掉一个0后重新做方案，但要达到比1.2亿元更好的营销效果。

董事长为什么会做出这个决定？指导思想就是资金效率。如果做事花钱的方式一成不变、因循守旧，凭什么资金效率就能提升呢？我们必须在方法上有所调整、改善和创新。各种刷广告、找代言的线下传统营销模式，已经不合时宜了，往往投入非常大，效果却不好。能不能与时俱进，利用现在的新媒体，比如自媒体或社交媒体大胆创新，将"大把撒钱"的方式转变为"智慧营销"的模式呢？

营销团队在董事长的启发和资源支持下，转变思路，改变打法，精心制作了一段乡土气息非常浓厚的短视频，是关于企业战略的发布小会。他们将其投放在各种自媒体、社交媒体等新媒体平台，短短两个月的时间内，播放量达到8亿余次，创造了国内短视频的营销奇迹，但其费用投入仅约合2,000万元，比原营销预算的1.2亿元少了很多。

做事花钱的方式方法一调整、一改变、一创新，企业的资金效率有了大幅度的提升。

风险——是否可控

花钱做事不一定百分百都能成功,会有失败的可能性(这在管理上叫作不确定性),这就是财商思维的第三个关键点——风险。从财务管理的角度看,风险主要包括:资金风险、税务风险、内控风险等。我们要能识别风险,采取措施控制风险。

案例1-6

资金链断裂,谁是罪魁祸首

我们之前有家客户,已经到了破产清算的地步。因为资金链断裂,银行抽贷,他们不得不提前还上企业当初在工商银行借的2,000万元贷款。但是,提前还完这笔贷款以后,银行再也没下放贷款给他们。这里主要有两个原因:第一,他们长期拖欠供应商货款,几家供应商联合向法院提起了诉讼;第二,这家企业的一个会计,因为没谈好离职时的补偿金,向银行举报该企业的审计报告是虚假的、伪造的,工商银行经过调查取证,发现果真如此,决定不再发放贷款给他们。

有风险意识的财务经理会避免此类事件的发生。在银行贷款到期之前,他就会思考:万一银行收回这笔贷款不再放款,企业资金能够正常周转吗?如果有资金缺口,如何制订应急解决方案?这就是风险思维,是指导我们识别风险、预防风险的一种思维方式。实际工作中,有些风险预防方案可以备而不用,但有备无患,一旦风险成真,便可立即启动相应预案,以便企业平安度过!

当然,要想做到这一点,企业老板先要具备财商思维,然后引导、培育企业员工具有财商思维，改变他们的思维模式，优化他们的心智模式。在做事花钱之前，老板应引导发问、员工自问以下几个问题：

- 是否利润最大化：我这样做事花钱，对企业而言，是否有利可图，是否有助于利润目标的达成？
- 是否效率最大化：我这样做事花钱，在时间、人工和资金的三个维度上，运作是否高效？
- 是否风险最小化：我这样做事花钱，会有什么样的风险，风险预防方案准备好了吗？

企业财务人员的主要工作成果就是三张会计报表：利润表、资产负债和现金流量表。三张报表是涉及企业方方面面的会计信息，零散反映在上百个会计科目上，但是归纳总结起来，就是财商思维的三个关键点——利润、效率和风险：

- 利润表帮助企业实现利润最大化，包括提升收入、减少支出；
- 资产负债表指导企业如何做到效率最大化的同时风险最小化；
- 现金流量表重点解决企业的资金风险，守护企业的生命安全。

建议财务部门在提供三张会计报表的同时，再编制一张经营管理报表，将利润、效率和风险等三大关键指标整合在一张表中集中呈现出来（表1-1：××年××月经营管理报表）。

表 1-1 ××年××月经营管理报表

维度	指标名称	本年实际 本期数	本年实际 本期止累计	本年预算 本期数	本年预算 本期止累计	上年实际 本期数	上年实际 本期止累计	和预算比较 本期数	和预算比较 本期止累计	和上年比较 本期数	和上年比较 本期止累计
利润	营业收入										
	营业成本										
	期间费用										
	净利润										
	销售利润率										
	销售毛利率										
	费用占收入比										
效率	资产周转率										
	应收账款周转率										
	存货周转率										
	净资产收益率										
风险	经营现金流										
	资产负债率										
	流动比率										
	速动比率										

第二章

如何实现利润目标

一 企业盈利的商业秘密

企业盈利的底层逻辑分析

根据我的经验，这是一个放之四海而皆准的盈利模型（见图2-1）。

企业中长期的战略规划，需要分解为一年一度的经营目标来承接和落地。年度经营目标通常以财务指标的形式体现，因为财务数据可以量化、细化，可以统计、计量，且方便进行比较、分析。常见的财务目标一般是指营业收入、利润、股东回报率等指标。实现财务目标，从经营视角看，需要提升客户价值、增加收入机会；从管理层面看，要打造成本优势、提高运营效率。

如何实现年初制定的营业收入和利润目标

必须让客户满意。这也是"客户第一"经营理念的由来。企业的产品或服务拥有四大属性——价格、质量、交期和服务，客户是否满意，可以通过这四大属性评估。

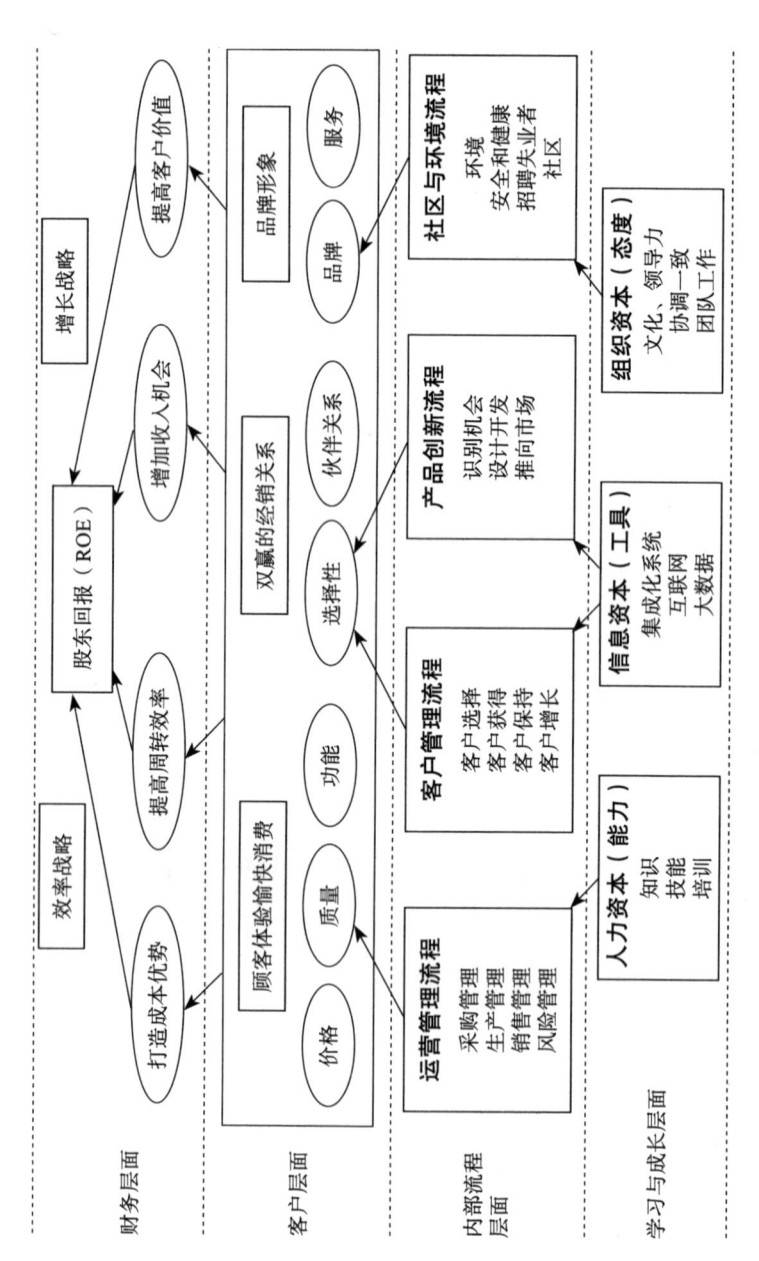

图 2-1 企业战略落地和实现盈利的底层逻辑图

如何让客户对企业的产品或服务满意

必须改进企业的内部运作流程。产品价格太高了，就需要通过对成本核算、成本分析、成本控制的改善降低成本。产品交期太长了，就需要通过优化供应链管理、改善生产运作流程缩短交期。让客户满意对流程改进的要求还包括：质量管理体系、新产品开发流程、售后服务管理办法等（见表2-1）。

表 2-1　业务流程改进示意表

维度	目标	主要指标
采购管理	降低成本	降低采购成本指标
	及时交货	交货及时率、订单迟到率、采购提前期
	保证质量	验收合格率、送货免检的供应商占比、外费损失
	适时外包	外协、外包、分包与自制的平衡与协调
生产管理	降低成本	单位产品生产成本、返工率（降低质量成本并及时交货）
	持续改进	产品（一次交检）合格率、废品率、流程改进数量
	加工周期	周转期（从生产开始到产品完工）
	资产效率	产能利用率、设备故障率、存货周转率等
销售管理	降低成本	降低服务成本指标、销售费用占收入比
	及时交货	交货及时率、合同违约率、交货周期等
	提高质量	客户投诉的数量和频率
风险管理	财务风险	劣质资产负债比率
	经营风险	坏账比率、呆滞积压存货比率、闲置固定资产比率
	技术风险	与竞争对手比较，产品或工艺的技术排名

如何改进业务运作流程

取决于团队和个人能力素质的提升。如果找不到行之有效的成本管理、质量管理、生产管理、售后服务等方面改进优化的方法措施，一切都将变成一句空话。归根结底，一切都是人的因素，事在人为。

如何提升企业员工的能力素质

对于实现目标而言，个人能力的提升是最根本的要素，这里给企业四大建议。

人力资本的培养

通过人才引进、能力培训（内训和外训）的方式，提升企业组织和个人的技能、知识。

组织资本的管理

通过激励、授权、协作的方式，提升组织能力和运作效率。

信息资本的支持

通过 ERP 系统、互联网、大数据和人工智能的方式，帮助大家合理判断、有效决策。

预算管理的促进

通过实施全面预算管理，建立企业日常的能力提升机制，让员工养成思考的习惯，提高员工思考的能力。在这个过程中，要随时、随地、随人、随事进行调整、改善、优化、创新，至于预算管理为什么能够从根本上解决能力问题，有兴趣的朋友可以阅读我的另一部作品《企业全面预算管理》，这里不再详述。

以上是企业战略落地和实现盈利的底层逻辑，从中可以总结出企业实现战略规划和年度经营目标的行动路线：

- 通过实施全面预算管理，全面提升员工能力；
- 通过方法的调整、创新，改善企业运作流程；
- 通过改进产品四大属性，提高客户满意度；
- 客户满意度提高了，企业目标的达成也就水到渠成。

总体来说，企业各项业务流程的调整、优化、创新，都是可以紧紧围绕"打造成本优势、提高周转效率、提升客户价值和创造收入机会"四个方面具体向前推进。

企业盈利的通用法则

利润表主要告诉我们三件事情：

- 企业的利润从哪里来？
- 企业的盈利能力如何？
- 企业的成长性怎么样？

"利润 = 收入 – 支出"这个简单的会计等式，蕴含着管理学的最高境界。它一方面回答了利润是从哪来的这个问题，一方面揭示了企业的盈利方式，那就是"一手抓收入，一手抓支出，两手都要抓，两手都要硬"。

有些企业销售收入还可以，但是大进大出、大手大脚，最终只见热闹不见利润。企业要想赚钱，应当在财商思维的引导下，调整思路：在销售收入最大化的同时费用最小化。我们常常以为销售收入增加了，企业的投入和支出也要随之增加，其实不一定，甚至有可能会减少。关键在于我们做事花钱的方法是不是合理有效，如果我们能通过不断地调整、改善和创新方法提高做事花钱的效率，成本费用通常也就会相应降下去了。很多无法另辟蹊径、快速发展的企业，通常是因为企业家只知道在所谓的"常识"和经验范围内习惯性行事。

降本增效、开源节流、量入为出是对企业盈利法则的直接运用，符合效率的观念，支撑盈利的目的，当然，这一切都需要企业创新机制的真正落地。

如何判断企业的赚钱能力

销售利润率是利润表最重要的一项考核指标，可以用它判断一家企业盈利能力的高低。其计算公式：销售利润率 = 净利润 / 销售收入 × 100%。对该公式进行移项可以得到：净利润 = 销售收入 × 销售利润率。通过这两个公式，我们可以看出，要达成利润目标，企业一定要同时从三个方向发力，即增加销售收入、控制成本费用和提升盈利能力（销售利润率）。

销售利润率是高还是低，建议大家从两个维度进行比较分析（企业经营中所有的数据分析都是如此，比如财务分析、经营分析、预算分析、绩效分析等）。

一是本企业过往比。以销售利润率指标为参照，与本企业以往数据比较，比如与前一年数据相比较、与过去三年或五年的同期数据相比较、与历史最好水平时的同期数据相比较，以及与当年期初的目标数据相比较等。

二是和行业内其他企业相比。每一个行业的销售利润率都有所差异，甚至个别行业的差异非常大（见表 2-2[①]）。比如，传统制造业的销售利润率一般在 3%~8% 左右，而有些行业的销售利润率高达 30%以上。从表 2-2 来看，比亚迪的销售利润率连续多年不到 5%，而茅台的销售利润率连续多年稳定在 50%！

表 2-2　行业之间销售利润率差异比较

公司简称	2022 年	2021 年	2020 年	2019 年	2018 年
比亚迪	4%	1%	3%	1%	2%
华为	6%	18%	7%	7%	8%
万科	5%	5%	10%	12%	11%
工行	39%	40%	40%	37%	39%
茅台	51%	51%	51%	49%	49%

如果企业所处行业的销售利润率平均为 5%，而企业销售利润率为 10%，那么就没有必要再在提升盈利能力上动脑筋、做文章了，在这个方向发力的性价比不高，如果还要在这个项目加大投入就属于决策错误了；如果企业所处行业的销售利润率平均为 20%，而企业的销售利润率在 10% 左右，说明企业的盈利能力提升空间还非常大，那就可以在这个指标上动足脑筋、做足文章。

鉴于盈利能力指标的重要性，建议企业的财务人员和老板在关注收入和利润的同时，一定分析一下销售利润率这个指标：数据是否正常？趋势是否有利？是否还有提升空间？如何进行提升？

[①] 本书涉及数据均来自网络，且其情况截至 2024 年 12 月 31 日。如有更新，请以新版本为准。

案例 2-1

如何实现跳跃式增长

我们有个客户是合肥的一家上市公司，主要从事精细化工产品和基础化工产品的生产、研发和销售，该公司在食品添加剂细分领域有很高的市场份额，是知名的麦芽酚和乙酰磺胺酸钾生产商。现将该公司连续5年的营业收入和净利润以及销售利润率数据摘录如下（见表2-3），你能发现有什么异常吗？

表 2-3 盈利能力比较分析表

单位：万元

项目名称	2022年	2021年	2020年	2019年	2018年
营业收入	375,508	332,775	321,471	297,723	278,267
净利润	56,304	18,382	13,795	15,530	13,392
销售利润率	15.00%	5.52%	4.29%	5.22%	4.81%

能看得出来，这家公司的营业收入和净利润都还不错，5年时间营业收入从27亿多元稳步上升到37亿多元，净利润从1亿多元增长到了5亿多元。但是，若拿利润和收入做个比较，立即就能发现异常：这家公司前四年的销售利润率基本都在5%上下，2022年突然跳跃式地变成了15%。一家企业的盈利能力通常是比较稳定的，为什么会突然上了一个台阶呢？我当时的第一感觉是：可能数据造假。

经过与该公司管理层进行访谈，了解到他们以前的产品在市场上"同质化、低端化"的问题比较突出，身处红海、竞争激烈，行业内大打价格战，致使产品获利空间有限，企业盈利能力不强。针对这个问题，该公司对产品重新进行定位，向"差异化、高端化"转型，借助智能制造，重金投入研发，新产品终于研发成功，并顺利进入了麦当劳、肯德基的供货体系，产品竞争力从此大幅提升，让这家公司的盈利能力从5%一跃上升到15%。

二　收入增长的财务策略

哪些收入类型会影响利润

财务收入是怎么回事

有一次在浙大讲课，有位学员问我，他们企业从银行贷款1,000万元，是不是企业的收入就增加了1,000万元？他这个想法在财务专业人士看来很滑稽可笑，这也说明除财务人员以外，很多人是不清楚"收入"这个概念的。

在财务上，所谓的"收入"是有明确规定的，它是指企业提供产品或服务取得的经济利益。国家颁布的新会计准则对收入的确认做了四项具体的规定：

- 收入的金额能够被可靠地计量。这意味着企业必须能够确定收入的金额，并且该金额可以被准确地计量。
- 企业已经完成了与收入相关的服务或产品的交付。这意味着企业已经履行了其合同中的义务，并将产品或服务提供给了客户。

- 收入的收取是可以被预期的。这意味着企业必须能够预期收入的收取，而且这种预期是合理的。
- 企业已经收到或有权收取与收入相关的款项。这意味着企业必须已经收到了款项或者有权收取款项，以便确认收入。

这个收入准则对非财务人员来说太过于专业了。能不能算收入？什么时候可以确认收入？其实只要把握两个要点就够了：一是我们已经完成产品交付或者提供服务；二是商品的控制权已经从我方转移至客户。比如去酒店订餐，预付的定金500元，在我们就餐之前，酒店是不能把这笔钱确认收入的。当我们酒足饭饱之后，酒店的收入才算实现。或者，我们在某超市买了1万元的购物卡，此时这家超市是不能确认销售收入1万元的，只能算是预收款。当我们用购物卡买了彩电、冰箱，超市才可以将相应款项确认为销售收入。此时超市满足了销售收入的两个条件：交付了商品，完成了商品控制权的转移。

有些会计对什么时候可以确认销售收入也是会犯迷糊的。有人说，还没收到货款就不能算销售收入，也有人认为只要开了货款发票就能算销售收入。其实不用考虑有没有收款、有没有开票，真正要判断的是有没有给客户提供商品或服务、商品或服务有没有转移控制权。

案例2-2

是1,000万元，还是2,000万元的销售收入

有一家生产、销售话筒的企业，与客户签了一个2,000万元的销

售合同，约定送货方式为客户上门自提。3月31日前该企业收到客户全额货款2,000万元，同时给客户开具了2,000万元的发票，对方承诺3月底前将货物全部拉走。但是不知道什么原因，客户在3月底只提走了价值1,000万元的货物，剩余部分约定于4月中旬提走。

请问，这家企业3月份应当确认多少收入？是1,000万元还是2,000万元？

答案自然是1,000万元。

虽然该企业收到2,000万元的货款，开具了全额发票，但是在3月份实现的商品交付和控制权转移的只是1,000万元，另外的1,000万元只能在4月份客户提走货物后，才能作为收入入账。试想，如果在客户提走前某仓库失火将货物烧个精光，损失会由谁承担呢？显然不能让客户承担，因为商品尚未交付，控制权尚未转移，和商品相关的所有权和风险应由销售方承担，销售方具有继续管理商品的权利和义务。

除非企业能跟客户签这么一个条款：如果不能在3月底前提走货物，己方不负责保管，如有意外，遭遇损毁，均由客户自行承担。毕竟作为发货方已经履行交付手续，商品只是暂存。只是大多数企业，很难签这种条款。

报表上的收入有几种类型

要知道会计报表上的收入有哪些类型，才能分析不同的收入类型对利润产生的影响，最终帮助企业妥善安排收入结构，拓展收入的渠道。

企业经营业务产生的收入叫作营业收入，营业收入按经营业务的主次不同，分为主营业务收入和其他业务收入。顾名思义，主营业务收入就是企业营业执照上的主业产生的收入，其他业务收入就是副业带来的收入。无论是主营业务收入还是其他业务收入，都是企业经营业务的回报，企业只要付出，或多或少都能取得一定的收入。

案例 2-3

划分收入的意义是什么

老李在开出租车的时候取得下列收入，请问哪些是他的主营业务收入？哪些是其他业务收入？

A. 售卖当地特产、小饰品；

B. 出租车运营收入；

C. 捡到钱包还给乘客，乘客给的红包；

D. 为别人修车、换轮胎获得的劳务报酬。

开出租车是老李的主业，显然，出租车运营收入就是他的主营业务收入。

哪些是其他业务收入呢？其他业务收入是副业带来的，只要付出，或多或少都有回报。这样来看，A 和 D 就是老李的其他业务收入。

有学员说，C 也有点像其他业务收入。C 和 AD 最大的区别就是：AD 作为副业，只要辛苦劳动就能取得；C 算不上副业，它跟辛苦劳动无关，只跟运气密切相关。所以，我们把 C 叫作营业外收入，有时也称作偶然所得，因为它是意外的、不确定的，与企业的生产经营活动没有直接关系。

农民出售自己种的稻谷所得，这显然属于主营业务收入；农民将割下来的稻草卖出产生的收入则是由副业产生的其他业务收入；农民在稻田里挖到金子，那就是典型的营业外收入。如果农民在割稻子的时候被蛇咬了一口进了医院，产生的支出就是营业外支出。

主业是企业相对擅长的业务，也是该企业重点发展的领域，因此，主营业务收入相对而言比较稳定、具有长期性。

其他业务收入因为是副业带来的，它在经常性、连续性上和数额上不如主营业务收入，不具备核心竞争力。

如果一家企业的收入大部分来自主营业务收入，我们就可以认为这家企业运营正常，会对它的收入的稳定性和持久性比较有信心；如果一家企业的收入大部分来自其他业务收入，那么我们会对这家企业的收入来源打个问号，担心它的主业有问题，更担心它的副业难以做大、做长；如果一家企业的利润主要来自营业外收入，那么我们就会建议与这家企业合作的利益相关方一定要长个心眼了，因为这表示该企业的利润状况会十分不稳定，无法确定其盈利预期。比如，某上市公司连续亏损，如果当年度继续亏损就会被迫退市，却奇迹般地扭亏为盈，仔细查看它的会计报表发现，其利润表上一下子多出几亿元的营业外收入——财政补贴收入。这种情况下，我们就要警惕这家上市公司的可持续性了。

除了主营业务收入、其他业务收入和营业外收入以外，企业还有一种收入叫作投资收益，是指企业对外投资取得的回报。投资收益是从外部收回来的，跟企业的内部经营管理没有关系，仅代表着投资回报率的高与低。

再以身边的场景举例总结一下，方便大家进一步理解收入的分类。

- 某打工人的工资、奖金、加班费、年终奖，这些属于什么类型的收入？

当然这是由打工人上班的主业产生的收入，是主营业务收入。

- 某打工人偶尔写文章挣稿费、讲课赚课酬、开网约车挣车油费，请问这些属于什么类型的收入？

因为这些收入不是某打工人的主业，是他的副业，只要肯辛苦劳动，总能或多或少地收到报酬，这是他的其他业务收入。

- 某打工人买彩票中了500万元。请问这属于什么类型的收入？

因为这500万元更多是靠运气得来的，它是意外的、偶然的、不确定的，所以这是营业外收入。

- 上班炒股炒房，运气好时赚得盆满钵满，运气不好时亏到跳楼。

前者叫投资收益，后者叫投资损失。

- 我在浙大总裁班讲课获得的报酬是什么收入呢？

大家可能意见不统一。其实也不难判断，就是要看这是我的主业还是副业。如果我现在还在吉利汽车工作，取得的讲课报酬就是兼职收入，就属于其他业务收入。但是我已经离开吉利汽车成为一名专职讲师，此时我讲课取得的收入就是主营业务收入。

收入和利润的质量高不高

企业的收入结构决定了收入是否能够持久、稳定、做大，也决定了企业盈利质量的高低（见表 2-4）。

案例 2-4

谁的盈利质量更好

表 2-4 中，A 和 B 是同一行业的两家企业，营业收入都是 1 亿元，利润都是 500 万元，销售利润率都是 5%。请问谁的盈利质量更好一点？

表 2-4　盈利质量分析表

单位：万元

项目名称	A 公司	B 公司
一、营业收入	10,000.00	10,000.00
减：营业成本	8,000.00	9,000.00
二、营业毛利	2,000.00	1,000.00
减：期间费用	1,500.00	1,900.00
加：投资收益		1,000.00
三、营业利润	500.00	100.00
加：营业外收入		400.00
四、利润总额	500.00	500.00

我发现很多老板看利润表的时候，只是抬头看收入、低头望利

润。面对这种表就无所适从了，因为两家企业这些数据都是一样的，经营状况却冰火两重天。

A 的利润全部来自经营所得，毛利 2,000 万元减去各项费用 1,500 万元，利润就是 500 万元。而 B 的经营所得其实是负数，即亏损 900 万元，因为 B 的毛利只有 1,000 万元，费用却有 1,900 万元。为什么最终的利润和 A 一样也是 500 万元呢？一是它有一只会下金蛋的"老母鸡"给它带来了 1,000 万元的投资收益，二是它获得了一笔营业外收入 400 万元。

因为投资收益来自企业外部，B 在经营上对其不可控，而营业外收入不确定、不连续。可见，A 和 B 虽然营业收入、利润一样，但是盈利质量方面完全不同，A 公司产品获利空间更大、产品竞争能力更强。此外，A 公司的费用管控能力也更好一些。

最有效的降本控费方法

利润表是反映企业盈利能力的销售利润率的最重要指标，它反映了企业的成长能力。

销售增长率是怎么算的呢？用销售收入的增长额除以上年度的销售额。

我在汾酒集团上课的时候问学员：汾酒和茅台、五粮液比较，哪一家的销售增长率更高？他们都以为是茅台。我们拿数据说话吧（见表 2-5）。

表 2-5　白酒行业销售增长率分析表

单位名称	2022 年	2021 年	2020 年	2019 年	2018 年
汾酒集团	31%	43%	18%	26%	48%
贵州茅台	17%	12%	11%	16%	26%
五粮液	12%	15%	14%	25%	33%
洋河股份	19%	20%	−9%	−4%	13%

由表 2-5 可知，茅台和五粮液的成长性是逐渐趋缓的，洋河股份的销售增长率波动很大、稳定性差，汾酒集团处于高速成长的过程中，2018—2022 年销售额增长了将近 2 倍（从 94 亿元增加到 262 亿元）。所以，我们做决策时，千万不能仅凭经验、凭感觉、凭直觉，一定要有数据支撑。

从企业内部来说，企业经营犹如逆水行舟，不进则退，如果某家企业的销售额每年都是停滞不前的，产品市场份额就会逐步被竞争对手瓜分殆尽。追求销售增长率指标，既是企业自我发展的动力，也是竞争对手给予的压力。

从企业外部来看，一家企业能不能从银行贷到款、能不能有资本参与、能不能被收购、能不能最终上市，其盈利能力和成长能力是考查的关键。

相对于新兴产业而言，传统行业的上市市值通常表现得不温不火，主要在于传统行业企业的成长性不够。比如，传统制造业的销售增长率在 5%～15% 之间，这属于普通的线性增长。有些新兴行业在发展初期就呈现裂变式增长的趋势，这类企业的未来，必定充满想象力。

另外，对企业而言，提高销售增长率还有一个让人意想不到的重大意义，它是企业降低成本、控制费用最有效的手段，一些运用了这个方式的民营企业赚得盆满钵满。改革开放初期，产品供不应求，只要在销售端大量投入资源，就能全力抢占市场，实现销售额的快速增长，而单位产品分摊的成本和费用则会不断地摊薄，这有效提升了企业盈利能力，让企业进入良性发展循环中。

需要特别提醒的是，任何销售增长策略都要结合企业和行业的实际情况灵活运用。当企业和行业的成长性都很好的时候，可以动用一切资源大力推动市场份额的拓展和销售收入的提升；当企业和行业进入成熟期或衰退期的时候，再在销售端投入大量的资源通常难以换来收入的快速增长，就要谨慎使用销售增长策略。也就是说，采纳销售增长策略之前，必须评估实施该策略是否能促进销售收入的大幅增长。

案例 2-5

什么是 BOM 定价法

小米在进军手机市场的时候没有采用传统的市场定价法、成本加成法之类的常规方法，而是采用 BOM 定价法，其效果非常好，让竞争对手大吃一惊。

BOM（Bill of Materials），即物料清单的英文缩写。BOM 定价法，指的是基于物料清单价格的定价方式，是制订产品销售价格的基础。说白了就是产品的材料采购成本加上研发费用、制造费用、销售费用、管理费用和财务费用，再加上一定的毛利来确定价格（见图 2-2）。

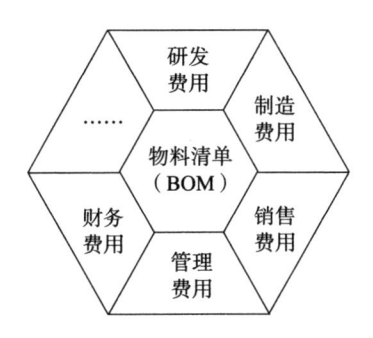

图 2-2　BOM（物料清单）定价法

雷军要求采购部门每个季度都要和供应商谈一次价格，最大的谈判筹码就是：每个季度小米向供应商采购的产品量翻番，这种做法使供应商的单位产品成本显著下降，自然可以让利部分给小米。由于供应商销量快速增长，其相应产品每个季度都会因此降价，而小米单台手机的成本费用也快速摊薄。所以，雷军相信，BOM定价模式下，小米不但能迅速抢占市场，而且一定是能挣到钱的。

当然，有着纯正互联网基因的小米，其盈利模式不仅仅体现在硬件上，更多依靠打造小米生态，在软件和服务上赚钱。

如何平衡销售增长和资金投放

在企业实践中，波士顿矩阵是常被企业运用提升销售增长率的经典方法。

根据图2-3得出，决定一家企业产品结构的基本因素主要有两个：销售增长率和市场占有率。在销售增长率和市场占有率两个因素的相互作用下，会出现 4 种不同性质的产品组合，并形成不同的业务发展前景（见图 2-3）。

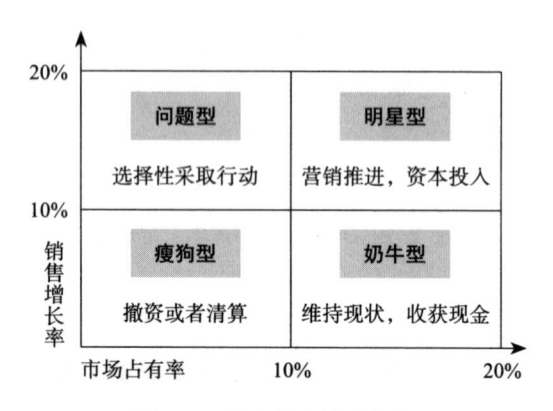

图 2-3　波士顿矩阵分析图

问题型业务

面对这类型的产品，要先判断，再决定是继续投资还是放弃。企业所在行业销售增长率高，但是企业产品的市场占有率不高，不能给企业带来较高的资金回报。这类产品或业务有发展潜力，需要深入分析企业是否具有发展潜力和竞争优势，再来决定是否追加投资，扩大市场份额。

明星型业务

明星型业务类产品正处于成长期，可采取发展或投入策略。其市场占有率和行业增长率都较高。这类产品或业务既有发展潜力，又具有竞争力，是高速成长市场中的领先者，且其企业所在行业处于生命周期中的成长期。应当重点发展这类业务或产品，可采取追加投资、扩大业务的策略。

奶牛型业务

这一类型业务的产品正处于成熟期，可采取稳定或收获战略。产品的市场占有率较高，但行业成长性较差。行业可能处于生命周期中的成熟期，若企业生产规模较大，这类业务能够带来大量稳定的现金流。建议维持其稳定生产，不再追加投资，以便尽可能回收资金，获取利润。

瘦狗型业务

这一类型的业务已进入衰退期，应采取收缩或淘汰策略。产品的市场占有率和行业成长率"双低"。行业可能处于生命周期中的成熟期甚至衰退期，市场竞争激烈，企业自身获利能力差，此类业务产品不能成为企业利润源泉。如果业务能够经营并维持，则应缩小经营范围；如果企业亏损难以为继，则应采取措施，进行整合或退出。

综上，针对不同的产品或业务组合，有4种不同的应对策略：

一是发展。以提高企业的市场占有率为目标，甚至不惜放弃短期收益。要使问题类业务尽快成为"明星"产品，就要增加资金投入。

二是保持。投资维持现状，目标是保持业务单位现有的市场份额。较大的"奶牛"可以以此为目标，获得更多的收益。

三是收割。这种策略主要是为了获得短期收益，目标是在短期内尽可能得到最多的现金收入。对处境不佳的奶牛类业务及没有发展前途的问题类业务、瘦狗类业务，应视具体情况采取这种策略。

四是放弃。目标在于清理和撤销某些业务，减轻负担，以便将有限的资源用于效益较高的业务。这种策略适用于无利可图的瘦狗类业务和问题类业务。

如何实现客户量与销售额双增长

客户量与销售额双增长，即新增客户的数量增长，带来销售额的增长，以及老产品和新产品的销售额增长。这就要求企业不但要注重老客户的维护、老产品的改良，还要不断地开发新产品、新技术，开拓新市场、新客户。

为了实现销售额的增长目标，建议企业总经理和业务部门经理从以下几个方面进行思考，寻找达成目标的业务路径：

- 我们经营的几类产品中，哪些是赚钱的，应该加大资源投入？哪些是不赚钱甚至亏损而应减产甚至停产的？
- 我们的客户中，哪些是赚钱的，应该重点维护并给予服务支持？哪些是不赚钱准备淘汰的？
- 竞争对手会在来年采取什么样的策略？我们又有什么样的新思路和新方法？
- 我们在产品型谱、新产品开发以及渠道建设、市场开发、客户维护等方面，有哪些远大的规划和具体的设想？
- 如何超越去年的业绩？如何战胜竞争对手？
- ……

同时，在预算方面，建议企业按表2-6的模板，从新客户、老客户以及新产品、老产品的维度进行思考和测算，并分别用不同的绩效政策引导落地。

表 2-6　预算表

销售项目分类	客户类型	销量预算	单价预算	销售额预算
老产品	老客户			
	新客户			
新产品	老客户			
	新客户			

案例 2-6

开发新客户，维护好老客户

每个企业首先要做的一件事，就是稳住自己的老客户。有的企业的销售人员为获得新客户想方法、给折扣、送赠品，却对老客户置之不理。结果是增加了 5,000 万元的销售额，又丢掉了 3,000 万元的老客户订单，这种做法使企业很难做大、做强。在照顾好老客户的基础上，不断地开发新的客户，企业的生意才会做得长久。偏偏很多人认为，老客户跟自己都很熟悉了，能够将就，这是个非常错误的想法。营销学上做过一个统计调查，企业开发一个新客户的成本是稳住一个老客户成本的 4 倍。

有一天，某企业纸品部的孟经理跑过来跟总经理说："李总，报告一个好消息，今年我们的业绩大幅度增长了！"李总问他增长了多少？他说："增长了 20%。"李总马上问了一个一针见血的问题："孟经理，你帮我查一下，我们今年和去年比，老客户增加了多少销量？新客户带来了多少销量？"

当孟经理告诉李总，他们新开发了 10 个小客户，但原来 4 个最大的客户的用纸量全部下降时，李总当即表示，这绝非好事。在他看来：小客户不但能力不强，而且很容易导致企业产生呆账、坏账。表面上企业的整体业绩增长了20%，实际上损失了大客户的生意，增加了企业经营风险，得不偿失。

如何突破业绩瓶颈

多年的项目咨询经验告诉我们，很多企业管理者的思维常常被禁锢或者局限了，因循守旧，惯性行事。如何才能快速地提升销售收入并突破业绩瓶颈呢？杰克·韦尔奇总结他在美国通用电气（GE）提升业绩的方法时提到了6个工具。

"为注入新鲜血液，引入全新的视角"

企业招聘新人，聘用新高管，并不一定全是为了新人能带来新的技能，而是新人作为企业的新鲜血液，可以用全新的视角看待企业，能够打破企业的惯性思维，分析企业现状，并思考企业未来可能会变成什么样子。

"要集中资源，不要分散力量"

大多数企业用于实现目标的资源投入预算显得不够用，毕竟资金是有限的，但企业往往又想多面下注，将有限的资金平均分配给各个部门，致使企业增长无力。实现业绩有效增长的做法应该是集中力量办大事。

"重新定义创新，让每个人参与其中"

把创新定义为"渐进式改进"，才最有可能实现创新。创新不是爱迪生、爱因斯坦、乔布斯们的专属领域，很多时候创新是一种心态或者工作方式，每个员工，无论职位高低，从踏进企业大门的那一刻起，就应思考如何才能创新——我今天要找到一个更好的工作方法。不要把创新定义为重大的、颠覆性的突破，那样的创新标准的确太高了，会把太多的人挡在创新的门槛之外。创新可以是一种循序渐进的、持续不断的改进，它可以是工作流程的优化、工作效率的提升、工作方法的改善。比如，财务报表提交从每月15日提前至10日、存货周转率从5次提高到6次、客户满意度提高5个百分点等等。创新需要企业文化的认可，要及时鼓励、肯定、表扬员工取得的点点滴滴的进步。

"利用最优秀的人才实现增长计划"

增长不会自发地实现，通常需要优秀人才带领。

"为员工提供好的薪酬"

要刺激业绩的快速增长，与时俱进的考核评价与薪酬体系是不可或缺的。以销售额、利润和新客户增加情况作为评价依据，使企业的营业收入和利润达到前所未有的水平。

"通过任何必要的手段在内部形成共识，消除来自内部的阻力和障碍"

企业变革过程中，有些老员工会抵制新计划，他们认为，新计划是有风险的，不值得企业投入那么多的资金和精力，他们甚至讨厌新计划。为此，他们可能保留重要或有用的信息或想法，也有可能找到一千个不配合不协作的小方法，从而降低新计划的成功概率。对此，企业要识别并化解他们的不满，想办法让他们改弦更张，比如，可以将这些保守派的大部分奖金与业绩增长计划挂钩。如果这种方式不奏效，那就有必要让这些保守派离开企业。一定要记住一点，每个业绩增长计划都会面临激烈的外部竞争，领导者的职责就是确保不在内部制造阻力。

以上6个工具不仅仅是方法，还是一种有效和可行的思维模式。促进企业业绩增长的方法还有很多，比如，卓越的领导力、团结的团队、正确的战略、大数据处理和分析技术等，如果结合企业自身的实际情况有选择地进行组合运用，将对企业业绩的增长产生巨大的推动作用。

三　哪些支出会抵减收入

是成本，还是费用

将企业的各项支出分为成本和费用两类的核算方式，对企业分析和控制支出具有非常重要的意义。

该如何区分成本和费用？记住一句话就可以了：凡是在生产制造过程中发生的支出就是成本，除此以外的支出都是费用。

在生产制造过程中发生的最大的支出叫作材料成本（直接材料）。

第二大支出是付给生产工人的工资，这叫作人工成本（直接人工）。除此以外生产制造过程中发生的其他支出，统称为制造费用（制造成本），比如水电费、修理费、差旅费、办公费、机物料消耗费、燃料动力费等。由此可知，成本包括直接材料、直接人工和制造费用，简称料工费。

在生产制造过程之外发生的支出就是费用，简称期间费用。包括销售产品过程中发生的支出——销售费用，管理过程中发生的支出——管理费用（研发费用含在管理费用中），融资过程中发生的支出——财务费用。

案例2-7

你会区分成本和费用吗

老李开了几家酥饼连锁店，买了几个煤饼炉，购置了几辆三轮车供工人上下班用。他还给烤酥饼的工人每人每天200元的工钱（见表2-7）。请问，这些支出属于成本还是费用？

表2-7 成本、费用的区分

项目名称	成本	费用
买进食材	直接材料	
制作酥饼	直接人工	
消耗煤饼	制造费用——燃料动力费	
研发新品		管理费用——研发经费
三轮车充电		管理费用——水电费
三轮车折旧		管理费用——折旧费
印刷传单		销售费用——业务宣传费
分发传单		销售费用——工资

- 用于制作烤酥饼的食材,这是生产制造过程中产生的支出,属于成本项中的直接材料。
- 给生产工人 200 元 / 天 / 人的工资,这是生产制造过程中产生的人工工资,属于成本项中的直接人工。
- 烧掉煤饼,属于成本项中的制造费用——燃料动力费。如果煤饼不是用于烤酥饼的,而是工人冬天取暖用的,那就与生产制造无关,这项支出属于费用。
- 研发新品,属于研发新产品的支出,应纳入管理费用——研发经费。
- 三轮车充电和折旧发生的支出,属于管理费用——水电费、折旧费。如果三轮车不是供工人上下班用,而是生产和搬运货物的,那就属于成本而不是费用。类似的还有,行政办公大楼的水电费、办公费属于费用,而生产车间发生的水电费、办公费就是成本。
- 印刷传单、分发传单,这跟生产制造过程没有直接关系,只跟销售环节密切相关,所以把它叫作销售费用——业务宣传费、工资。

支出划分为成本和费用两类,成本细分为直接材料、直接人工和制造费用,费用再分为管理费用、销售费用和财务费用(见图 2-4)。

成本与生产制造过程中的产品紧密相关,通常称为产品成本,如某某产品的成本是多少;费用与一定的期间联系,统称为期间费用,如某月某季某年的期间费用是多少,其中管理费用多少、销售费用多少、财务费用多少。

生产企业要减少支出,重点在于控制成本(约占支出的 70%~

第二章 如何实现利润目标

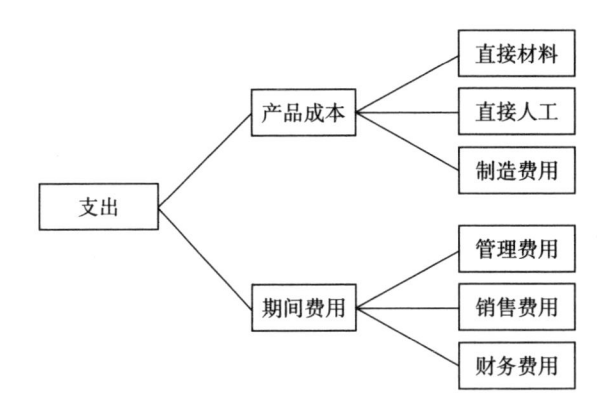

图 2-4 成本、费用比较图

80%),其次在于压缩费用(约占支出的 20%~30%)。成本的关键又主要在于材料成本,而研发部门对控制材料成本的高低有着举足轻重的作用。

划分支出的意义

代表一家企业盈利能力高低的综合指标是销售利润率,而销售利润率的高低取决于两个方面:产品的获利能力和费用的管控能力(见图 2-5)。

产品获利能力
销售毛利率
= 销售毛利 / 营业收入 ×100%

费用管控能力
费用占收入比
= 期间费用 / 营业收入 ×100%

图 2-5 划分支出的意义

产品获利能力是由销售毛利率这个指标来衡量的，毛利就是收入和成本的差额，对于贸易企业来说，就是进销差价，销售毛利率=销售毛利/营业收入×100%。有些报道说眼镜行业销售毛利率为300%，显然该篇报道的作者不知道销售毛利率是怎么计算的，因为销售毛利只是营业收入的一部分，是不可能大于100%的。

销售毛利率代表企业产品的竞争能力和获利空间，属于产品经营和供应链管理的范畴，能够综合反映一家企业的产品定价能力、成本管控能力以及市场营销能力等。从财务管理的视角来看，提升销售毛利率的管控重点是把成本降下来，这包括材料成本、人工成本和制造费用。

要分析自己企业的销售毛利率是否具有竞争力，也要先和自己企业既往情况进行比较，再和行业平均水平进行比较，因为各行各业的销售毛利率差异非常大。

费用管控能力是用费用占收入比这个指标来衡量的，费用占收入比=期间费用/营业收入×100%。从计算公式来看，影响这个指标大小的，一是费用总额，二是营业收入，所以，要么把期间费用降下来，要么把营业收入做上去。

将支出分为成本和费用，将能力分为产品获利能力和费用管控能力，对总经理来说意义重大。比如，某企业总经理年初下达了企业销售利润率增加3个百分点的任务，其中，销售毛利率增加2个百分点（研发成本降低1个百分点、采购成本降低0.5个百分点、生产成本降低0.5个百分点），费用占收入比降低1个百分点（管理费用降低0.5个百分点、销售费用降低0.5个百分点）。

案例 2-8

为何汾酒集团的盈利能力不断提升

表 2-8　汾酒集团的盈利能力分析表

项目名称	2022 年	2021 年	2020 年	2019 年	2018 年
销售利润率	31%	27%	22%	18%	17%
销售毛利率	75%	75%	72%	73%	68%
费用占收入比	17%	21%	24%	28%	25%

由表 2-8 可见，汾酒集团的销售利润率从 2018 年的 17% 稳步增加到 2022 年的 31%，盈利能力快速提升。销售毛利率从 68% 提升到 75%，费用占收入比从 25% 下降到 17%。两个因素综合推动了汾酒集团的盈利能力不断提升。再进一步剖析，其销售毛利率的增加和费用占收入比下降背后最关键的因素是销售收入的快速增长（从 2018 年的 94 亿元增加到 2022 年的 262 亿元），这使得汾酒集团单位产品分摊的成本和费用显著减少，这是汾酒集团降低成本、降低费用最有效的方法。

四　如何有效地控制支出

是削减支出，还是合理投入

在销售增长乏力的市场态势下，企业都很重视精细化管理，努力控制各项支出。但是我发现很多企业只是一味地削减支出，抡起大刀砍培训费用、降工资薪酬、减研发投入……这种认知和做法是有偏差的。更合理的方式应当是追求合理投入（见图 2-6）。意思是把企业的各项投入和相应的产出挂钩。能带来有效的、高效产出的投入，就是必要的、合理的投入，应当以投入产出效率作为判断是否投入的标准。

错误观　　　　正确观

削减费用开支　　追求合理投入

图 2-6　是削减支出还是合理投入

案例 2-9

一味地削减支出不是控制成本费用的良方

一位培训老师曾经告诉我，有一次，他去一家知名企业讲课时发现，该企业的办公楼建造得跟五星级酒店似的，一看就是一家发了财的企业，尤其是卫生间更是装修得富丽堂皇，但是卫生间居然没有卫生纸。这让他非常尴尬，也十分恼火。开始以为只是保洁人员一时疏忽，忘了放纸。随后他打开其他隔间看了一遍，发现都没有卫生纸。他问前台原因。前台告诉他，今年是该企业成本控制年，所以卫生间不放卫生纸了。很难想象一卷卫生纸能为企业节约多少费用，但这肯定会影响企业整体对外形象。

我们再来看看某餐饮企业是如何理解成本控制的。有一家人到该店内用餐，让服务员打包没有吃完的餐后水果。服务员告诉顾客：打开的西瓜打包不卫生，我送您一个西瓜。赠送西瓜当然是有成本的，却让这家人成为该餐饮店的忠实粉丝，如此口碑传播下去，其投入产出比是非常高的。

如何提升产品的获利空间

对制造业等实体企业而言，通过降低成本增加毛利是梦寐以求的事情，建议从材料成本、人工成本和制造费用方面三管齐下。

材料成本

我经常问学员，企业哪个部门对减少材料成本的贡献最大？有人说采购部门，有人说生产车间，都把研发部门漏掉了。其实一家企业降成本最重要的环节就是研发。一旦某个产品的材质、数量、工艺定型，采购和生产的降本空间就不大了。研发、采购、生产三个环节降成本的比例大约是6∶3∶1的分布：60%取决于研发，30%寄希望于采购，10%依赖于生产。比如，在汽车行业，一辆新车改款上市，细心的人会发现它的重量减轻了，内行人把它叫作轻量化设计，这是为了降低材料成本，研发人员采用了新材料、新技术、新工艺。

案例2-10

如何减少产品的材料成本

我们的某家托管单位是生产制造电机的企业，其所用的主要原材料是铜、铝、钢、铁，2020年和2021年原材料价格的涨幅几乎翻番，我们入驻企业的头三个月，销售毛利率从30%快速跌至24%，形势逼人，必须采取措施止跌稳企。

首先，我们想从托管单位的研发降本着手。结果技术人员说，企业生产电机已经十多年了，该降的成本已经降了，技术已经成熟、产品已经定型，没有降本空间了。我们不懂技术，只能引导他们自主解决。与此同时，我们要求托管单位的销售人员买一些竞争对手的产品，按BOM表拆解，和托管单位的电机零部件逐一比对。结果令技术人员大吃一惊，他们的电机用料是硅钢，而同行做得最好的电机用的是带钢。为什么他们的注意力会在这里？因为硅钢的价格比带钢高出40%！

托管单位经过与客户的沟通、与供应商的协调，以及内部生产、技术攻关，终于将材料调整过来，成本大幅下降，相关人员也得到应有的激励。

这是标杆学习法。当我们的思维受限、方法固化，致使创新不够时，我们可以向行业标杆学习、参考和借鉴。

尝到甜头以后，托管单位技术人员的积极性被调动起来了，他们主动申请新产品立项：电机的主要材料成本在于漆包线，漆包线用的是铜材，当时铜的价格是76,000元/吨，铝的价格是20,000元/吨。经过充分的市场调研和技术论证，他们决定开发铝线电机。铝线电机成功投放市场后，进一步开发了铜包铝电机。经过这一系列技术的革新，托管单位的产品成本显著下降，售价也相应调整，客户都很满意。因此，市场打开了，成本也降低了。

这是通过研发降本实现企业降本的真实案例。如何降低采购材料成本？可以说通过采购降本是采购部门最重要的绩效目标。在采购降本过程中，首先，采购部门要保证原材料的质量，不能以次充好、不能偷工减料；其次，要确保供应商及时交货，不能让生产部门出现停工待料的情况。

案例 2-11

如何降低原材料的采购成本

我们一个托管客户的老板，力图通过采购部门为企业降本增效，采用采购部门和企业分享增量收益的方式。他规定：完成年度降本增效目标 500 万元以上的部分，按 20% 的比例对采购团队进行奖励；如果未完成 500 万元目标，取消采购团队当年的年终奖，取消采购副总当年的分红资格。在此基础上，再配套指标牵制、流程控制、岗位轮换、内部审计、举报热线等组合拳，以期达到既能预防采购人员营私舞弊，又能为企业降本增效的目的。

但是，实际结果令人失望。据了解，采购团队认为 500 万元的目标完全不合理，根本做不到，所谓奖励不过是老板画的大饼。这些想法致使采购部门消极对待这一政策。受到员工抵触对抗的绩效政策，注定是失败的政策。

我们入驻企业后，便与托管客户的采购副总展开交流：你们觉得，自己能为企业降低多少采购成本？他们评估测算后认为大概 200 万元。根据这一测算，我们马上调整采购部门的任务：

以降低成本 200 万元为底线目标，如果当年未完成底线目标 80%，取消采购团队当年的年终奖，取消采购副总当年的分红资格；

以降低成本 300 万元为进取目标，完成 300 万元以上的部分，按 20% 的比例奖励采购团队；

以降低成本 600 万元为挑战目标，完成 600 万元以上的部分，按 50% 的比例奖励采购团队。

绩效政策调整后，采购团队立即像打了鸡血一般投入战斗，开始不断地思考、论证降本增效的行动方案和资源支持。最终，当年完成降本增效 500 万元左右，实现企业与采购团队的绩效双赢。

研发降本和采购降本当然对企业降低成本非常重要，但是也不能忽视生产环节的降本。降低生产部门材料成本有两个关键绩效指标，即材料利用率和废品损失。企业应当善用绩效政策引导生产团队紧紧围绕"人、机、料、法、环"五个方面不断地思考，让大家养成思考的习惯，提高思考的能力，通过工艺、工装、工序的调整、改进、创新，达成提高材料利用率和降低废品损失的绩效目标。

人工成本

除了材料成本，人工成本对销售毛利率的影响是最大的。如何降低人工成本？如何提升人工效率？我将在第三章结合运营效率做详细介绍。

制造费用

制造费用是企业生产制造过程中除了直接材料和直接人工以外所有支出的统称，包括的项目很多（见表 2-9）。

表 2-9 制造费用统计分析表

序号	费用项目	本年实际		本年预算		上年实际	
		本月	本月止累计	本月	本月止累计	本月	本月止累计
1	工资						
2	福利费						
3	社会保险费						
4	住房公积金						
5	差旅费						
6	办公费						
7	折旧费						
8	房租费						
9	燃料动力费						
10	低值易耗品						
11	电话费						
12	运输费						
13	水电费						
14	修理费						
15	会务费						
16	招待费						
17	培训费						
18							

建议大家按表 2-9 对自己企业的制造费用做全面的统计分析，看看问题主要出在哪些项目上，哪些支出有较大的挖潜空间等，然后集中精力专项处理。

案例 2-12

生产车间如何降本增效

我们对某托管单位进行成本统计分析后发现，除了人工成本外，该托管单位最大的制造费用项目是厂房租金，一年约合 300 万元。于是我仔细查看了租房合同，再详细观察四层厂房的用途和布局，并结合销售订单需求，给生产部门提出目标：在满足预期产能的前提下，想方设法调整车间产线和库房规划，退租或转租腾出一层厂房。如果完成这个目标，奖励车间管理团队 10 万元。结果不到一个月的时间，他们就完成任务，在减少托管单位租金支出 60 多万元的同时，也提升了生产效率。

解决了影响制造费用最大的房租支出项目，通过表 2-9 的数据分析，我们发现该托管单位的修理费项目也比较异常，不仅增加了自身成本，还因为设备故障、设备修理导致停工损失、产能损失更为严重。于是我们通过量化数据和绩效政策，引导设备部门在设备完好率、设备利用率上动脑筋、做文章，积极主动地做好设备的更新、维护、保养和检查。

如何挖潜费用的压缩空间

企业还有很大的一块费用叫作研发支出，传统财务把它列支在管理费用下。建议将研发费用作为单独项目从管理费用里剥离出来，与期间费用三大项目并列。

案例 2-13

研发费用去哪儿了

10多年前我曾经问过我的老板，财务定期给他的报表，他看了还是没看。他竟然回答两个大字：不看！这让我们的财务人员很有挫折感。但在他看来，会计报表根本不是报给他看的，而是呈报政府部门的。他认为，将研发费用列支在管理费用下而非利润表中，无法从根本上帮到企业。他希望研发费用占收入比例不断提升，这表明自己企业的技术实力越来越强、产品越来越有竞争力；他希望管理费用占收入比不断下降，体现企业的管理水平越来越好、经营效率越来越高。结果财务人员将研发费用列入管理费用，让他无从判断。于是，他便向我发出灵魂的拷问："我是应该希望管理费用越高越好，还是越低越好？"

研发费用让人心动，管理费用让人心痛。多年的工作经验告诉我们，企业会计报表很少考虑企业内部经营管理的需求，不能很好地支持企业的决策。因此我建议：财务专业人士，要在基于会计准则和会计制度要求之外，根据领导和企业各业务部门的需求，量身定制适合内部经营管理的财务报表。毕竟外部信息使用者通常会通过报表了解企业"是什么"，而企业内部更需要通过报表知道企业"为什么""怎么办"。比如，相关外部部门要了解的只是企业整体盈利与否、盈利多少，但是企业内部的工作人员更关心的是每个客户、每个订单、每个产品、每个车间甚至每个业务单元盈利与否、盈利多少，以及为什么是这样、接下来怎么办等相关问题。

如果把研发费用从管理费用中剥离出来，就非常方便企业的总经理做决策了。比如，企业去年的期间费用占收入比是18%，行业平均水平是12%，总经理马上可以分解费用的管控职责，并配套相应的绩效政策：

常务副总：期间费用占收入比目标设定为15%，下降3个百分点，用两年时间达到行业平均水平；

销售副总：销售费用占收入比目标为同比下降1个百分点；

财务副总：财务费用占收入比目标为同比下降0.5个百分点；

行政副总：管理费用占收入比目标为同比下降1.5个百分点。

销售费用

销售费用的管控，不能通过刻意地削减费用实现，必须追求合理投入。建议将销售费用项目按固定和变动分类。其中与产品销量的增减线性相关的是变动费用，与产品销量没有直接关联的是固定费用。变动费用，通常和投入产出效率挂钩，比如业务员提成、招待费、运输费、业务宣传费等。可以通过预算控制和绩效控制实现固定费用的管控，必须评估预算超支或节约预算的合理性，并将其纳入绩效管理之中。

案例 2-14

如何控制运输费用

我在某托管单位分析销售费用时发现,其上年度的运输费总额约 300 万元,占销售收入的 3% 多一点,而同行业的头部企业该项费用的占比仅为 2%。因此,该托管单位的该项费用是有潜力可挖的。

经过对运输费产生过程的业务调研,我们发现该托管单位合作的运输公司竟然高达 10 家以上,而且这些合作的运输公司都是该托管单位的销售部门的业务员推荐的。另外,托管单位对结算单价和运输数量缺乏监控,这些运输公司经常以油价上涨为由调整货运单价。很明显,托管单位的运输费处于管理失控状态。我们马上对其进行整改:

- 将运输费占销售收入比纳入销售部门的绩效考核,目标定为 2.5%;
- 规定合作的运输公司必须控制在 3 家以下;
- 对有意向合作的运输公司进行招投标,重新设计物流运输合同;
- 销售部门推荐合作单位,需由财务审核、高层管理人员审批;
- 出台《物流运输管理办法》,杜绝销售舞弊现象,发挥财务监督职能。

一年下来,该托管单位的运输费占销售收入比下降到 2.5%,节省运输费 70 万元。从结果上来看,还是挺不错的,但是过程算不上顺利。比如,当我们要求原来合作的运输公司降价时,他们采取抱团方式,非但不降价,反而一致提出涨价的要求;由于新引进的运输公司尚在磨合期,他们对路线不熟,与相关人员沟通不畅,时有发货延迟的现象，导致销售部门的业务员怨气很大。

财务费用

财务费用是指企业在融资过程中发生的支出，包括利息支出、利息收入、汇兑损益和手续费等。这项费用一般由财务部门管控。控制财务费用的思路主要如下：

- 重点是通过资金管理，减少融资总额。如果企业内部的应收账款、库存管理失控，缺少资金收支计划或计划执行随意，只能长期依靠外部输血，那么财务费用一定会居高不下，企业资金链断裂的风险将大幅增加。
- 其次是拓宽融资渠道，降低贷款利率。
- 最后是确保资金弹性，做好闲余资金的理财工作。

管理费用

想要控制管理费用，就不能把所有的注意力放在削减费用上，而是要更多关注投入的合理性和有效性，比如，你要达到什么目的？如何保障目标的达成？还能调整花钱的方式、方法吗？

案例 2-15

如何保障培训效果

一家托管单位准备组织一场中高层管理者培训，目的是让参训人员全面掌握预算管理的理念、方法，需要两天时间，10万元投入。

在审定专项培训费的时候，托管单位老板问人力资源总监三个问题：准备花多少钱？如何花钱？还能少吗？

当培训项目确定实施时，托管单位老板又问了人力资源总监三个问题：

- 如何保证参会率？
- 缺席人员怎么办？
- 如何保障培训效果最大化？

在费用管控方面，这位老板的做法值得大家借鉴，他的注意力不在削减费用本身，而在追求合理投入的同时重点关注投入产出效率。

关于成本和费用的管控，我们拿华为的经验和方法做一个总结：

- 管理中最难的是成本控制，没有科学合理的成本控制方法，企业就处在生死关头。全体员工要动员起来，优化管理，要减人、增产、涨工资。
- 不能控制好成本，随着竞争越来越激烈，利润空间会越来越小，企业的生存和发展将面临很大的困难。

成本费用

成本是市场竞争的关键制胜因素。成本控制应当从产品价值链的角度，权衡投入产出效率，合理制定控制策略。应重点控制的主要成本费用的驱动因素包括：设计成本、采购成本和外协成本、质量成本（特别是因产品质量和工作质量问题引起的维护成本）、库存成本（特别是由于版本升级而造成的呆滞积压物料）、期间费用中的浪费。

那么，该如何控制成本费用呢？

- 控制成本的前提是正确核算产品和项目的成本与费用。应当根据企业经营活动的特点，合理分摊费用。
- 企业对产品成本实行目标成本控制，在产品的立项和设计中实行成本否决。目标成本的制定依据是产品的竞争性市场价格。
- 必须把降低成本的绩效改进指标纳入各部门的绩效考核体系，与部门主管和员工的切身利益挂钩，建立自觉降低成本的机制。

五　边际贡献是怎么回事

边际贡献是财务管理工作中非常重要的知识点，可以帮助企业找到盈亏平衡点，指导企业降低盈亏平衡点，为企业决策提供强有力的数据支持。

如何区分固定支出和变动支出

要知道边际贡献是怎么回事，就要将支出（包括成本和费用）划分为固定支出和变动支出。

固定支出是指在一定期间和一定业务量范围内，其总额不受业务量变动影响，保持相对固定的支出。比如，企业的办公费、固定资产折旧、房租费用、业务员的基本工资等，都是固定支出。

变动支出是指在一定期间和一定业务量范围内，其总额随着业务量的变动而呈正比例变动的支出。比如，产品的材料成本和生产工人的工资、生产车间的水电费和燃料动力费、业务员的业绩提成等，都是变动支出。

请问，固定支出是固定不变的吗？

不是。固定支出相对于业务量来说是稳定的，但并不意味着每月该项支出的实际发生额都完全一样。比如每月行政管理部门的用电量、用水量和支付的水电费是会有上下波动的。

有些固定支出是企业根据经营方针由高层领导确定的、一定期间的预算额形成的，我们可以根据实际情况和企业决策做出相应调整，比如研发经费、广告费和培训费等。

有些固定支出是和企业经营能力及其维护直接相关的，一般短期内会相对稳定、不会随意改变，比如厂房设备的折旧费、财产保险费、房产税和土地使用税等。

那么，变动支出是不可控制的吗？

不是。变动支出的多少，很多情况下取决于企业的判断和决定。比如：业务员的提成可以按 3%，也可以按 5%；计件工资的标准可以按 10 元 / 个，也可以按 12 元 / 个。但是决策一旦做出，其支出额将随业务量呈正比例变动。

有些变动支出，受客观因素影响，企业决策无法改变其支出数量，并与业务量有明确的技术或实务关系，比如生产成本中主要受到设计方案影响的、单耗相对稳定的外购零部件成本，在工资水平不变的前提下，流水作业生产岗位上的工人工资及其福利费等，都属于这类变动支出，也称变动成本。

还有一些变动支出，可以通过企业管理者的决策行动改变数额，比如业务员提成、工人计件工资的标准等。

边际贡献的计算公式为：边际贡献＝销售收入－变动支出（变动成本、变动费用）（见图2-7）。当边际贡献等于固定支出时，企业就处于盈亏平衡点了。

边际贡献＝
销售收入－变动支出

边际贡献率＝
边际贡献/销售收入

营业利润＝
边际贡献－固定支出

图 2-7　边际贡献的常用公式

案例 2-16

如何制定特价菜的最低价格

经测算，一盘胡萝卜炒肉的成本如下：胡萝卜1元，猪肉3.5元，调料、辅料0.5元，厨师工资2元，服务员工资0.5元，水电煤气2元，灶具折旧1.5元，餐厅租金4元。这盘胡萝卜炒肉的总成本是15元，如果定价25元，那么其利润是10元。

这家餐厅开在写字楼下面，中午客源很好，晚上生意冷清，餐厅老板想推出特价菜，那么胡萝卜炒肉的价格最低可以定为多少呢？

在上述支出中，有些与这盘胡萝卜炒肉没有必然联系的，就属于固定支出，如厨师及服务员工资、灶具折旧、餐厅租金，合计8元。与这盘胡萝卜炒肉有必然联系的支出就是变动支出，如胡萝卜、猪肉、调料辅料、水电煤气等，合计7元。

如果这盘胡萝卜炒肉的定价高于7元，菜品价格和变动支出之间就有差价，这个差价叫作边际贡献。

如果企业的边际贡献为负数，意味着这家企业规模越大，往往亏得越多，破产得越快。比如，某产品售价是4元，变动支出是6元，在销售量是10,000的情况下，该产品的利润是–20,000元；如果销售量是150,000，该产品的利润则变成–300,000元。所以，从财务管理的角度来看，边际贡献为负数的产品是没有经济效益的，这是产品决策的底线思维。

如何运用边际贡献做产品决策

边际贡献可以帮助企业了解各个产品的贡献程度，企业进行产品决策时离不开边际贡献的评估，特别是在产品选择、产品定价、产品组合及产品销量等方面，比如哪些产品可以淘汰？哪些产品应当改进？哪些产品重点扶持？

案例 2-17

应当淘汰亏损产品吗

某企业生产A和B两种产品。某天，该企业发现B产品近年市场竞争激烈，销量下滑，财务部门提供的数据显示，B产品每月亏损约100万元。该企业决定淘汰B产品。意想不到的情况出现了，自B产品停产以后，该企业利润不但没有增加，反而从原来的每月盈利100万元变成了亏损400万元（见表2-10）。

表2-10 边际贡献在产品决策中的应用

单位：万元

项目	A产品	B产品	合计
营业收入	3,000	2,000	5,000
变动支出	2,400	1,500	3,900
固定支出	400	600	1,000
利润总额	200	−100	100

原来B产品的边际贡献为500万元，由于分摊了固定支出600万元，所以B产品最终亏损100万元。

现在B产品停产了，收入没了，相应的变动支出也没了，原来分摊的600万元固定支出便由A产品全额承担。A产品的边际贡献是600万元，但是分摊的固定支出则变成1,000万元（400+600），所以，最终造成企业亏损400万元。

问题出在哪里了呢？

因为B产品能产生边际贡献500万元，它之所以亏损，是因为边际贡献尚不足以弥补其固定支出600万元。现在它停产了，500万元的边际贡献也就清零，但是A产品和B产品对应的固定支出仍然存在，只能由A产品全部承担。

所以，要不要停产某个产品，关键要看它有没有边际贡献。

当然，我们做决策的时候，不能仅仅站在财务的视角，而应该纵观全局。如果B产品果真没有边际贡献呢？真要将其淘汰吗？不一定！因为开发一款新产品是非常不容易的，一旦因为边际贡献为负数就把某产品淘汰，也就意味着几百万元甚至几千万元的研发费用打水漂了。

企业要进一步分析，为什么B产品没有边际贡献，问题出在哪里，有没有办法降低它的变动支出，或者能不能提高它的销售单价。除非在这些方面都无计可施了，才会不得不淘汰B产品。

如何管控企业盈亏平衡的边界

边际贡献除了可应用于产品决策以外，还可应用于判断盈亏平衡。

老板应当知道，企业每年或者每月的营业额达到多少才不至于出现亏损，要对企业的盈亏平衡点心中有数。比如每月的营业额达到1,000万元时，就处于不盈不亏状态，那么这个1,000万元就是企业的盈亏平衡点。这只是第一步。第二步就是要想办法降低盈亏平衡点，意思是当每月的营业额达到900万甚至800万元时，企业也不会出现亏损。

案例2-18

降价策略是否可行

我们的客户中有一家做伺服电机的企业，产品单台价格为300元、变动支出为225元，该企业一年的总固定支出约合4,500万元。请帮这家企业测算一下其盈亏平衡点是多少？

计算过程如下：

$$销售收入-变动支出-固定支出=0$$

$$销量×（单台价格-单台变动支出）-固定支出=0$$

$$销量×（300-225）-45,000,000=0$$

$$销量=600,000（台）$$

这家企业的盈亏平衡点是销售60万台。也就是说，当该企业年销量不到60万台时，它就会亏损；当企业年销量超过60万台时，它就能盈利。

于是这家企业的总经理要求销售部门将底线目标定为60万台。

销售经理提出：一定要完成60万台的目标也是可以的。但是当前市场环境非常严峻、竞争十分激烈，希望企业的销售价格能够降低10%，以薄利多销的方式抢占市场份额。

我发现，很多销售部门总是向企业提出降价的要求，以实现增长销量的目标。但是你知道吗？降价10%，可能会对企业的利润有致命的影响。降价以后，需要销量增加多少，才能弥补降价10%造成的损失呢？这是企业价格决策的一个关键点！

如果该企业降价10%，单价由300元变为270元，当其他数据保持不变时，其盈亏平衡点则从60万台上升到100万台！也就意味着当单价下调10%时，企业需要增加67%的销量，才能做到盈亏平衡，弥补降价损失。

降价和销量之间的关系，可以通过以下这个计算公式体现：

$$销量增长率=降价率/（边际贡献率-降价率）$$

如果企业的边际贡献率很小，降价的损失就需要很高的销量增长弥补。极端的情况是：边际贡献率等于或接近降价率，这就要求销售增长率接近无穷大，意味着该企业几乎没有降价空间。如果企业的边际贡献率较高，产品降价对销售增长率的要求就会相对较低。

所以，企业必须想方设法提升边际贡献率，为市场竞争的降价需求腾出空间。

案例 2-19

特殊订单，接还是不接

某企业生产甲产品的最大生产能力为 1,200 台，一般情况下产生销售 1,000 台，剩余生产能力 200 台，售价为 100 万元/台，固定支出总额为 30,000 万元，单位变动支出为 60 万元/台。现有客户订货 200 台，要求价格最高为 80 万元/台。如果不接受这批特殊订货，该企业的剩余生产能力可以对外出租，获取年租金 2,000 万元。如果接受这批特殊订货，该企业尚需从外部租入一台设备，年租金 3,000 万元。

请问：是否应该接受这笔特殊订单？

如果不接受这笔特殊订单，企业的利润为：

1,000×（100 万元 − 60 万元）− 30,000 万元（固定支出）+ 2,000 万元（出租设备年租金）= 12,000 万元。

如果接受这笔特殊订单呢，企业的利润为：

1,000×（100万元－60万元）+200×（80万元－60万元）－30,000万元－3,000万元（租入设备年租金）=11,000万元

从财务管理的角度来看，该企业不应当接受这笔特殊订货，因为接受订单后企业盈利减少了1,000万元。

假设接受特殊订货时需从外部租入设备的租金降为1,000万元，那么接受特殊订货的决策会增加利润1,000万元，该决策在财务上是合理的。但是企业决策不能仅仅考虑局部利益，而应当从企业整体利益和长远发展角度进行综合判断。因为产品的正常售价是每台100万元，即使是大客户、长期合作客户的价格也是如此。现在以80万元的价格接受特殊订单，一定要评估该行为对企业价格体系以及客户关系的冲击和损害程度，务必权衡利弊、谨慎决策。

案例2-20

如何定夺自制和外购

某生产玩具产品的企业，拥有一个包装部门，企业在年初编制预算时发现自行包装全年的玩具需要大约330万元的成本费用。现在有一家专门从事包装业务的企业愿意以每年280万元的价格为其包装。该企业总经理要求财务经理对包装业务是自制还是外包提供建议。

330万元的成本费用构成是：原材料90万元、直接人工90万元、管理人员工资40万元、变动制造费用45万元、固定制造费用65万元。

此外，财务经理还了解到如下信息：

- 上年底预订的今年包装的原材料定金为 5 万元。如果该企业外包包装业务，要取消原材料订单，定金不仅不能收回，还要另外支付 3 万元的违约金。
- 外包包装业务，要撤消原来的包装部门，会造成 30 名员工失业，需支付 35 万元的赔偿金。5 名管理人员可以转到其他部门工作。
- 该企业有些雇员（非包装部门）要在今年提前退休，需支付 6.5 万元的养老金。
- 原来包装部门的部分厂房和设备可以出租，每年可以获得 35 万元的租金收入。
- 该企业所有的固定资产按照直线折旧法进行折旧，即固定制造费用的折旧与产量无关。

我们按照自制和外购的模式，可以分别计算出企业的投入（支出）情况（见表 2-11）。

表 2-11　自制还是外包决策分析表

单位：万元

项目	自制	外包
原材料	90	0
直接人工	90	0
管理人员工资	40	0
变动制造费用	45	0
固定制造费用	65	65
订单定金和违约金	0	8

（续表）

项目	自制	外包
员工失业赔偿金	0	35
外购成本	0	280
房租收入	0	−35
合计	330	353

如果包装业务选择自制的模式，原材料90万元、直接人工90万元、管理人员工资40万元、变动制造费用45万元及固定制造费用65万元，这些支出企业是要投入的，合计330万元。另外，自制模式，定金和违约金损失及员工赔偿金是不会发生的，也不会有外购成本，厂房自用也得不到房租收入。

如果包装业务选择外购的模式，表中前五项支出就不存在了，因为它们都是变动支出，而65万元的固定制造费用，无论自制还是外购仍然发生。另外，在外购模式下，订单损失、违约金支出、员工失业赔偿金及280万元的外包支出就要计算在内，因出租厂房取得租金收入35万元可用于抵减支出。这样算下来，外购模式下包装业务的各项支出合计353万元。

如此算来，外购模式比自制模式高出23万元（353－330）的费用，理应采纳自制模式。

这个结论真的正确吗？

我看未必。采用外包模式，由定金、违约金、赔偿金产生的损失小计43万元，属于一次性投入，以后年度就归零了，企业的支出会从353万元降为310万元。也就是说，采用外购模式，企业只是在第一年会产生23万元亏损，往后年度均可盈利20万元。

六 利润表分析实战运用

一般情况下，利润表比较综合地反映了企业的经营成果。其中，企业最为关注的最重要的产出类目标营业收入和利润都将体现在利润表中：企业当前的盈利能力和成长性好不好，今后应该怎么办等，都能在利润表看出端倪。

利润表项目很多，我们可以从三个方面重点分析（见图2-8）：

- 两大指标：营业收入和净利润
- 两大能力：产品竞争能力和费用管控能力
- 两大质量：盈利质量和资金效率

两大指标
- 营业规模大不大？
- 企业赚没赚到钱？

两大能力
- 费用控制好不好？
- 产品有无竞争力？

两大质量
- 盈利结构稳定吗？
- 赚钱效率高不高？

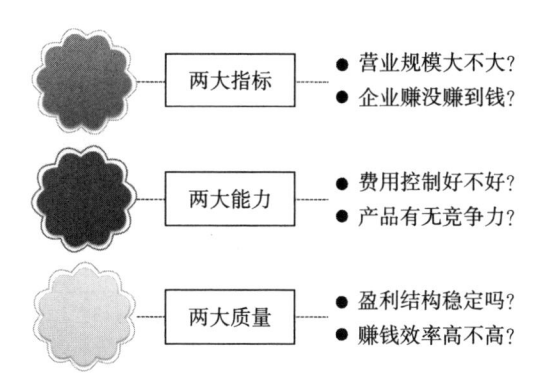

图 2-8 利润表分析三部曲

下面我以一家上市公司公牛集团（603195）的利润分析简表（见表2-12）为例，抛砖引玉，引导大家看懂利润表、做对经营决策。

表 2-12 公牛集团利润分析简表

单位：亿元

项目名称	2022 年	2021 年	2020 年	2019 年	2018 年	2017 年
营业收入	140.80	123.80	100.50	100.40	90.65	72.40
减：营业成本	87.30	78.09	60.19	58.82	57.45	45.08
税金及附加	1.16	0.83	0.80	0.75	0.69	0.52
销售费用	8.00	5.60	5.18	7.26	7.7	6.80
管理费用	5.01	4.28	4.31	3.80	3.42	3.59
研发费用	5.88	4.71	4.01	3.93	3.51	2.87
财务费用	−1.08	−0.88	−0.36	−0.17	0.05	0.06
加：投资收益	2.72	1.90	0.52	1.06	0.97	1.03
营业利润	38.14	36.51	28.03	27.69	19.60	15.31
加：营业外收入	0.04	0.04	0.03	0.05	0.05	0.24
减：营业外支出	0.63	3.31	0.51	0.78	0.13	0.22
利润总额	37.51	33.25	27.55	26.95	19.51	15.11
减：所得税	5.69	5.45	4.41	3.91	2.75	2.25
净利润	31.85	27.80	23.13	23.04	16.77	12.85
销售利润率（%）	22.62	22.46	23.01	22.95	18.50	17.75
销售增长率（%）	13.73	23.18	0.10	10.76	25.21	35.00
销售毛利率（%）	38.00	36.92	40.11	41.41	36.62	37.73
期间费用占比（%）	8.47	7.27	9.08	10.85	12.07	14.43
股东回报率（%）	27.88	28.28	26.87	52.36	69.60	59.75

案例 2-21

如何通过利润表发现问题、做对决策

表 2-12 是一份利润分析表的模板，按照会计准则规定的利润表，只有本期金额和上期金额两列数据，这对指导企业经营管理来说信息

量太少，建议内部管理报表将预算（计划）、同比、环比、行业的数据都放上去，并按连续多年的实际数据进行趋势分析。

在利润表的第三行是"税金及附加"，这是财务人员不太容易关注的点。为什么将税金及附加放在利润表的第三行？收入的重要性毋庸置疑，放在第一行没问题；成本对我们而言也十分重要，放在第二行我也赞同。是因为税金及附加这个项目的金额很大吗？还是因为它的性质很重要？我看都不是吧？为什么不能像房产税、土地使用税、印花税那样，将税费合并同类项归集到管理费用的下面呢？这就是外部报表使用者和内部经营决策者视角的不同。建议财务人员提供信息之前，一定要仔细倾听管理层的具体需求，量身定制相应的经营管理报表。

首先，看两大指标：公牛集团的企业规模较大，2019年就突破营收百亿了；净利润也不错，连续多年在10亿以上；销售利润率20%以上，这在制造业算是很不错的盈利能力，可以和同行业做进一步比较；从销售增长率来看，波动较大，且呈现增长趋缓的态势，虽然有营收基数逐年扩大的客观因素，但是需要关注企业是否会陷入"增长乏力"的业绩瓶颈。

其次，看两大能力：销售毛利率在40%左右，在传统制造业中属于领先的，说明产品获利空间大，产品在市场上很有竞争力；期间费用占比在8%左右，但呈现下降趋势。2017—2022年，三项费用合计增长约14%，而同时营收几乎翻了一番，说明公牛集团非常重视费用的管控，且管控效果很好。

最后，看两大质量：从报表来看，公牛集团净利润几乎来自企业的营业收入，说明其盈利质量很好，可以忽略突发性、偶然性的影响，盈利前景比较确定；衡量资产效率的指标股东回报率（净资产收益率），近三年稳定在 28% 左右，也算上市企业中排名靠前的企业。但是同 2017、2018、2019 年的数据比较，严重下滑，同历史最好的 2015 年的股东回报率 75% 比较，差距更大，这值得公牛集团管理层进行进一步分析和改进。

案例 2-22

从实例中发现利润表的问题

表 2-13 是一家上市公司的利润分析简表。

表 2-13 ×××上市公司利润分析简表

单位：亿元

项目名称	2022 年	2021 年	2020 年	2019 年	2018 年	2017 年
营业收入	19.24	21.08	16.90	14.13	23.00	16.01
减：营业成本	10.92	12.22	9.40	7.32	12.81	7.72
税金及附加	0.13	0.14	0.16	0.14	0.26	0.13
销售费用	1.90	2.15	2.12	1.96	1.49	1.21
管理费用	3.60	4.26	4.42	4.08	3.77	3.28
研发费用	1.70	2.11	2.92	2.11	1.83	1.11
财务费用	1.24	1.64	3.28	3.20	1.77	0.89
加：投资收益	−0.10	5.80	1.39	−0.16	0.76	−
营业利润	−1.36	2.15	−12.35	−9.79	1.81	1.56
加：营业外收入	0.06	0.05	0.04	0.21	−	−
减：营业外支出	0.28	0.04	0.21	2.49	−	−

（续表）

项目名称	2022年	2021年	2020年	2019年	2018年	2017年
利润总额	-1.58	2.17	-12.51	-12.21	1.79	1.57
减：所得税	0.96	0.23	-1.52	-0.79	-0.12	0.21
净利润	-2.53	1.93	-10.99	-11.42	1.90	1.35
销售利润率（%）	-13.15	9.16	-65.03	-80.82	8.26	8.43
销售增长率（%）	-8.73	24.73	19.60	-38.57	43.66	36.75
销售毛利率（%）	43.24	42.03	44.38	48.20	44.30	51.78
期间费用占比（%）	35.03	38.19	58.11	65.39	30.57	33.60
研发投入占比（%）	8.84	10.01	17.28	14.93	7.96	6.93
股东回报率（%）	-16.22	-5.63	-48.58	-31.79	5.00	6.70

首先，看两大指标：在2017—2022年，其营业收入仅增长20%，平均每年增幅不到5%，说明该上市公司可能正经历业绩困境和增长瓶颈；六年间累计亏损约20亿元，综合盈利能力非常堪忧。

其次，看两大能力：销售毛利率每年都在40%以上，看起来还不错，需要进一步和同行业的企业进行比较，结合销售停滞不前的局面，以便于其在竞争策略和价格政策上合理决策；期间费用占比在最低的年份达到30.57%，在最高的时候达到65.39%。除了营业收入基数偏低的影响以外，需要在费用管控与合理投入上大力挖潜，建议重点放在管理瘦身和资金效率上；研发投入占比在各年度均达6.93%～17.28%之间，说明其非常重视产品研发，同时也间接证实了其一直面临转型的困境与危机，如何提高研发投入的效率与成果，以及如何快速转化成果成为当务之急。

最后，看两大质量：从报表来看，2019年、2020年连续巨额亏损，面临退市风险，2021年之所以扭亏为盈，是因为获得投资收益5.80亿元，可能是变卖资产、断臂求生的结果，从而避免出现被强制退市的最坏结果。2022年又继续亏损。自2019年开始连续四年的股东回报率是负数。

第三章

如何提升运营效率

利润表主要反映了财商思维中的关键点——利润，资产负债表重点揭示了财商思维的另外两个关键点——效率和风险，现金流量表则特别提醒企业要关注资金风险。

体现企业运营效率高低的载体主要有三类：时间效率、人工效率和资金效率。相对而言，资金效率更加综合也更加重要，也是本章重点介绍的内容。

一　运营效率的三大载体

时间效率

虽然时间效率不属于财务管理的范畴，但是它在企业的经营管理过程中的重要性越来越受到人们的关注，比如：销售订单、采购订单和生产订单的及时交付，物流运输的快速到达，售后服务的实时响应，研发上市的新产品迅速形成的市场壁垒，各项作业流程的高速、高效运转，等等。

案例 3-1

如何把财务人员从报表中解放出来

我在浙大总裁班讲课的时候,经常有老板问我同一个问题:"我们民营企业的老板,常常工作到晚上八九点甚至更晚才回家。通常回眸一望,公司还亮着灯的就是财务部门。财务怎么会那么忙呢?他们到底在忙些什么?"通常我会反问他们,财务是怎么回答的?他们告诉我,财务表示没工夫和他们说,或者即使说了他们也不会明白。

我把财务的处境形容为"三境":

- 窘境:单据录入和单据传递拖拖拉拉,难道财务的信息就能够动态实时?
- 困境:我想由核算向管理转型,我想业财融合创造价值,可是手头的工作即使加班加点也做不完,哪有时间和精力去从事管理工作?
- 绝境:如果不能帮企业解决问题、创造价值,只是一味地提供低价值的服务,只能得到一份低廉的薪水,还有可能被机器人替代。

从业务流程来看财务工作,可以分为前端、中端和后端。前端是指业务单据和财务单据的处理,要及时、准确;中端是指账务处理和报表编制,要及时准确;后端是指业财融合、数据分析,要能发现问题、解决问题和创造价值。

传统财务会把注意力放在中端上,即账务处理和报表编制。很多相关财务人员的财务意识和财务理念落后，以致沦陷在中端的日常工作中无法自拔，没有时间和精力关注前端的业务行为及后端的价值创造。其账务处理的主要工作被工作人员称为老三篇：记账、算账、报账。记得当初我在做手工账时，那些重复性的劳动常常让我抓狂，还会经常出现好不容易做出的资产负债表左、右不平，两边仅仅相差几分钱，不得不加班加点，甚至有时通宵不睡，直到查明原因，将账簿或报表的两边调平。后来，随着会计电算化的普及和 ERP 系统的应用，以及现在财务共享模式的出现，这个问题迎刃而解，并将广大财务人员从重复的、繁重的低价值的账务处理中解放出来。

解决了中端的账务处理问题，编制报表的问题随之而来，而且这个问题变得越来越突出，成为制约财务管理转型、影响财务价值创造的罪魁祸首。

网络上戏称财务人员为"表哥表姐"，表示他们是埋头处理各种各样的表格工作的人员。他们不停地取数、加工、整理、核对……，忙碌、盲目、茫然地搬运数据——从原始凭证上搬到记账凭证上，再从记账凭证上搬到明细账总账上，最后搬到各种报表上。这样的工作状态和工作结果自然不会让领导满意，也让相关工作人员身心疲惫、苦不堪言。

"我们不生产数据，我们只是数据的搬运工"，这是当前财务人员的真实写照。在这个过程中，财务人员最大的感慨是：

- 工作真是太费时、费力了，而且吃力不讨好。
- 为什么总出错，真的是"常在河边走，哪有不湿鞋"。
- 不会做呀，ERP 系统太复杂难懂了，Excel 也不容易操作。

- 一天到晚做账、编表到底有什么用呢？毫无成就感，简直要怀疑工作的意义。

财务人员从核算会计向管理会计转型是大势所趋，那些只能提供低价值服务的财务人员，只能拿一份较低的薪资，甚至很有可能被人工智能替代；财务人员参与业务、了解业务、融入业务（即业财融合），才能更好地为企业创造价值，实现个人生活的财务自由。

财务人员除了对外要做纳税申报和报送报表以外，还要对内编制和提供各种报表，工作是非常繁杂的：

- 管理层需要财务人员提供——
异常预警——销售订单预警、生产订单预警、采购订单预警；
经营动态——销售动态、生产动态、资金动态、库存动态等；
会计报表——经营成果、财务状况、经营现金流；
分析报表——财务分析、业务分析、综合分析。

- 职能部门和业务单元需要财务人员提供——
销售环节——订单跟踪、销售统计、应收账款；
生产环节——生产统计、成本管理、计件工资；
采购环节——采购统计、应付账款、发票跟踪；
仓储环节——呆滞积压、库存短缺、库存统计；
研发环节——研发经费、项目跟踪、降本增效。

除此之外，财务人员还需要提供预算管理报表、绩效管理报表、投资管理报表、风险控制报表……

这么多的报表要求财务人员及时准确地编制出来，肯定会让财务人员崩溃。对公司而言，眼看财务部门不断臃肿，却又看不到财务部门的价值所在。

有人说，企业都有 ERP 系统，上面有各类报表查询功能，管理层、职能部门和业务单元的人可以上系统查询，这也是信息化建设的初衷呀。

无论是用友、金蝶还是 SAP，都是行业通用软件，这些开发企业为了兼顾各行业的不同需求，在每个报表查询模块都设置了几十个可供选择的参数，而每家企业、每个使用者需要的信息往往是综合性的，所需数据来源于多个模块。比如说"单据日期和结算日期""记账与未记账""审核与未审核"，请问你该选哪一个按钮？

以用友 U8 系统为例，看一下销售报表的查询模块（见图 3-1、3-2）：

报表
- 我的报表

执行表
- 销售订单预警和报警
- 订单准时发货率
- 销售订单预留历史记录查询
- 销售执行进度表
- 订单跟踪汇总表
- 订单跟踪明细表
- 发货单开票收款勾对表
- 发货统计表
- 发货汇总表
- 发票日报

明细表
- 发货明细表
- 销售明细表
- 销售明细账
- 销售收入明细账
- 销售成本明细账

- 发票使用明细表
- 发货结算勾对表
- 出库单开票情况表

统计表
- 销售现存量查询
- 信用余额表
- 销售执行状况表
- 销售订发货统计表
- 销售时效性统计表
- 销售统计表
- 销售综合统计表
- 进销存统计表
- 质量追溯查询

销售分析
- 销售增长分析
- 销售情况分析
- 货物流向分析
- 销售结构分析
- 销售毛利分析

- 市场分析
- 按发票货龄分析
- 按收款货龄分析

客户分析
- 客户价值金字塔
- 客户全貌
- 业务员全貌
- 客户分布分析
- 客户新增分析
- 客户流失分析
- 客户购买分析

综合分析
- 动销分析
- 商品周转率分析
- 畅适滞分析

图 3-1　用友 U8 系统销售报表

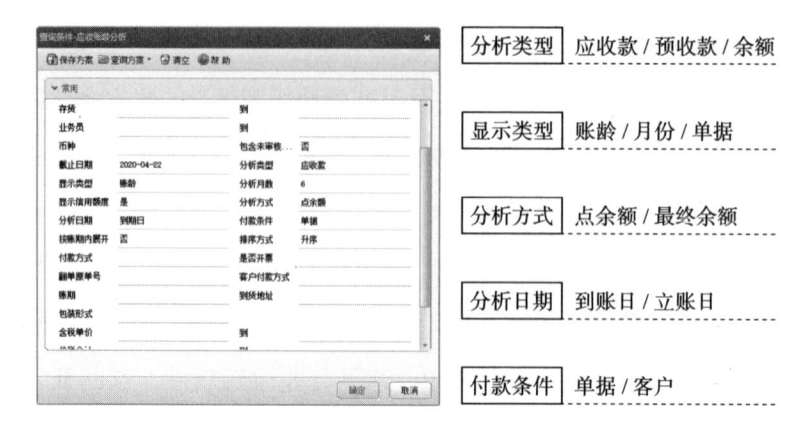

分析类型	应收款 / 预收款 / 余额
显示类型	账龄 / 月份 / 单据
分析方式	点余额 / 最终余额
分析日期	到账日 / 立账日
付款条件	单据 / 客户

图 3-2　应收账款账龄分析查询选项

想要了解销售相关情况，这么多的报表选择和按钮选项一定会让不熟悉这套系统的查询人员眼花缭乱、无所适从。很多人在无奈之下，按系统默认的选项进行查询，要么查询结果出错，要么不符合查询意图，从而影响决策和业务执行。如果大家都通过登录系统来查询信息，需要大幅增加系统使用人员和模块站点数量，这又是一笔不小的软件费用支出。有些企业试图要求软件制作方进行二次开发，其费用动辄几十万元甚至几百万元，但这都不是问题，几个月的开发周期已经让人很难接受，其后续的修订完善也通常得不到及时响应。

最后这些工作还是落回到财务人员头上，他们随时或定期向管理层和业务部门提供所需信息。于是，一群"表哥表姐"没日没夜地把数据从 ERP 系统导出、整理后再一一搬运给相关人员。但是，很多时候不熟悉 ERP 系统工作原理和业务流程的财务人员，加之数据搬运过程中的各种疏忽，也导致数据差错层出不穷。

"穷则思变"，我们不妨大胆设想：能不能将我们了解的数据库结合 Excel 的优势发挥作用，自动生成报表，以提高财务人员的工作效率呢（见图3-3）？

首先，进行管理报表的顶层设计，目的是满足各方的信息需求，做到不重复、不遗漏；

其次，通过技术手段和程序设计，从ERP系统的底层数据库自动取数，目的是省略一切数据搬运过程；

最后，通过Excel以实时刷新或自动发送的方式，将各种经营管理报表及时准确地呈现给各级使用者。

最终的结果是：不需要数据的加工整理和报表编制，报表使用者只要动动手指点击一下"刷新"按钮，或者报表编制者只要动动手指点击一下"发送"按钮，一切大功告成！

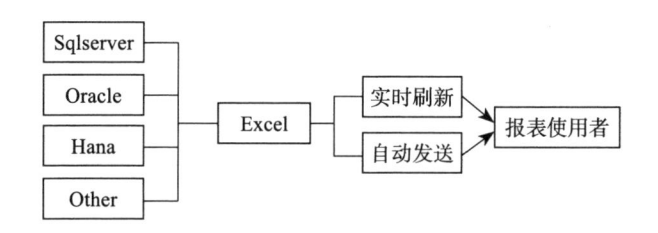

图3-3 一键报表自动生成系统的工作原理

上述报表自动生成方法并不复杂，没有计算机技术基础的财务人员也能学会，就算不会也可以和信息部门一起把它开发出来。这样一来，财务人员的工作效率迅速提升，可以腾出手进行财务转型和价值创造，其重大意义总结如下：

提高效率

只要将管理报表体系搭建好、模板设计好，就可以及时准确给管理者提供数据和报表，再也不用手工加工整理、编制报表，极大地减少了重复劳动、提高了工作效率。

保证质量

手工取数、加工和整理的过程，会让工作人员很容易因疏忽大意和能力问题导致数据差错，严重影响财务部门的公信力，一键报表系统从源头上杜绝了这些问题。

摆脱制约

从 ERP 系统手工取数需要理解业务逻辑和系统原理，对工作人员的能力素质要求很高，大多财务人员不能操作自如。一键报表自动生成系统完全摆脱了对财务人员的能力制约，把个人能力转化为组织能力，做到了标准化、流程化和"傻瓜化"。

领导重视

一键报表系统可以让领导迅速掌控企业和部门动态，让今天的数据指导明天的经营。

创造价值

让财务人员得以从表格中解放出来。从此，他们既可以重点关注单据处理的及时准确，从而优化业务流程并确保流程执行到位，也可以聚焦业务分析，提供专业建议，进行决策支持，从而为企业创造更大的价值。

人工效率

和员工个人相关的费用包括工资、绩效、年终奖、福利费、社保、公积金等，统称为人工性费用。如今，企业承担的人工费用越来越高，尤其体现在劳动密集型的企业。单纯地减薪是行不通的，必须想方设法提高人工效率，通过方法创新和减人增效控制和降低人工成本。

案例 3-2

如何借力提升人工效率

有段时间，我们的某个托管单位的产能跟不上销售订单的需求，部分原因来自采购环节，有待料导致的生产停工，但在车间主任看来，主要问题集中在人工费用上。因此，他要求增加生产工人，提高计件标准。

我们的托管团队觉得，这种方式是与提高人工效率的原则相违背的，因此建议该托管单位以机器替代人工，推进智能生产。但车间主任认为，他们管理基础薄弱，以前也曾多次尝试，全都失败了。

我们的托管团队人员，除了懂点财税方面的知识外，对其他方面的知识均不熟悉，于是不耻下问：在哪个环节，以机器替代人工的效率是最高的？车间主任说是绕线机。最新式的绕线机能同时绕 6 个线包，一人能同时操作 3 台机器，现在使用的绕线机只能绕 1 个线包，一人只能同时操作 2 台机器。新机器的效率是旧机器的 9 倍。同时，车间主任指出，以前的尝试之所以失败，主要卡在两个关键问题上：一是断线，二是温升。

生产机械化、自动化、智能化，这是提升人工效率最佳的方式，也是大势所趋，我们应顺势而为。有问题不要紧，因为害怕失败而否决前进的意义,这种思维才是可怕的。

新的绕线机买来测试时,确实出了两个大问题。我们的托管团队人员不断地引导托管单位的生产、技术、采购相关部门的专业人士尝试用排除法解决问题:断线,是设备调试的问题吗?是生产工艺的问题吗?是材料匹配的问题吗……最终大家一致认为材质问题的可能性最大。于是,采购找了几家漆包线供应商一起测试。终于发现,有一家上市公司的漆包线在新的绕线机上很少断线,而且价格比原供应商更低。断线的问题圆满解决。

机器温度异常升高的问题还没解决,大家都不知道问题到底出在哪儿。托管团队人员提醒对方,遇到问题,不一定非要自己苦思冥想、单打独斗:能不能借力借势?能不能整合资源呢?于是,该托管单位从上海请了一位设备专家过来指导,只用一天的时间,机器温度升高的问题就得到了解决。

案例 3-3

减薪降薪能让企业走出困境吗

某企业因效益不佳决定:从 2024 年开始按职位高低,分别按照 5%~50% 的比例降薪(总经理降薪 50%、副总 40%、总监 30%、经理 20%……基层员工 5%),期待大家能够与企业同舟共济、共渡难关。

我不认为降薪是一个好办法。有些企业总是试图从员工身上省钱,但是工资是保健因素,是刚性支出,能升难降,降了之后很容易让员工消极怠工,甚至做出一些极端事件,给企业带来更大的损失。

我们不妨换个角度，从提高人工效率上找方法、找措施：怎样才能减员增效？怎样才能激励或约束业务部门主动控制、减少人员？以下几个方面的经验可供大家参考。

绩效控制：人工费用的投入跟产出挂钩，让人效指标起到纲举目张的作用，让业务部门自主管控好人员的增减。

总额控制：设定业务部门的预算工资总额以及与利润挂钩的上下浮动政策，按照"增人不增资、减人不减资"的原则，授权业务部门自主管控好人工费用。

精简机构：有些企业规模不大，却患上了大企业病，机构臃肿、人浮于事。我们有个营收规模2亿元左右的客户，设有5个管理中心，每个中心下面有3~5个部门，每个部门又分设几个科室；所设职务更是齐全，有总裁（副总裁）、总经理（副总经理）、总监（副总监）、部长（副部长）、科长（副科长）、组长（副组长）。我们托管后，采用"机构扁平化"的方式，两个月的时间，让该公司成功减员约50%。

流程优化：有些部门经常提出的加人需求真假难辨。但可以要求这些部门的人员详细记录工作日志，连续记录一周或一个月。这样做有四个好处：一是辨别需求的真假；二是指导作业流程的优化、简化、高效；三是提升分析能力，帮助企业扬长补短并扬长避短；四是引导创新方法的改善、优化和调整，这是提升效率的必由之路。

其他方面：诸如末位淘汰、能人文化、人文关怀、走动管理、股权激励、发展空间等，可以结合企业实际情况，勇于创新，周密部署，大胆尝试。

资金效率

资金效率是承载运营效率三大载体中最重要的，如何提升资金效率，详见本章以下的内容。

二　如何评估资金效率

衡量资金效率的重要指标

评判盈利能力的指标是销售利润率，评价成长能力的指标是销售增长率，那么，衡量资金效率的指标又是什么呢？资金周转率。

资金周转率的计算公式为：资金周转率 = 营业收入 / 资产总额。这表示的是总资产一年能周转多少次。比如，某公司全年的营业收入是 4,000 万元，资产总额是 2,000 万元，那么资金周转率是 2 次，意思是这家公司的总资产一年能够周转 2 次。

资金效率还有另一种表述方式，即资金周转天数，它是资金周转率的一种变形方式，资金周转天数 = 360 / 资金周转率。如果某公司的资金周转率是 2 次，那么，资金周转天数就是 180 天，意思是这家公司的总资产周转一次需要 180 天时间。

我将几家白酒生产厂家的资金周转率做了一个统计（见表 3-1），你们认为哪家的资金周转情况更好呢？

表 3-1　白酒行业资金周转率分析表

单位名称	2022 年	2021 年	2020 年	2019 年	2018 年
汾酒集团	0.79	0.80	0.77	0.82	0.86
贵州茅台	0.50	0.47	0.49	0.52	0.52
五粮液	0.51	0.53	0.52	0.52	0.51
洋河股份	0.44	0.42	0.39	0.45	0.52

没有财务数据的支撑，根据常识和经验来判断，常常会得出错误的结论！从表 3-1 中的数据来看，洋河股份的资金效率相对而言是最低的，茅台和五粮液的资金效率相差无几，而汾酒集团的资金效率反而是遥遥领先的。

企业与企业之间、行业与行业之间的资金效率可能差异非常大。比如没有应收账款、没有多少库存的餐饮行业与重资产投入的石化行业比较，资金周转率的指标数值就会有天壤之别。

所以，分析资金效率的高低，评估挖潜空间的大小，也是先与自己的企业比较，包括预算比、同比、环比，以及与企业历史的最好记录比，然后再与行业竞争对手比较，包括与行业最好的企业比、与处于行业平均线左右的企业比。

为了分析影响总资金周转率的关键因素，可以将总资产周转率细分为应收账款周转率、存货周转率和固定资产周转率（见图 3-4）。

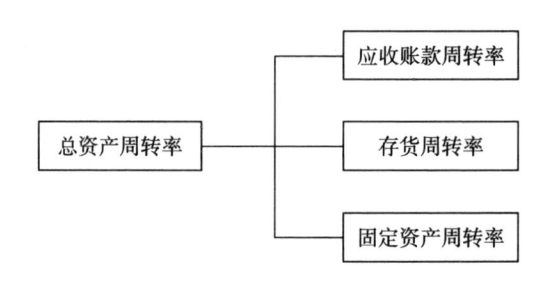

图 3-4　总资产周转率分类示意图

轻资产运营提升效率的关键

通过资金周转率的计算公式可以得出，企业要想提升资金效率必须两条腿走路：想方设法将分子的营业收入做上去，同时，千方百计将分母的资产总额减下来。也就是说，要提高资金的利用效率，任何一家企业都要对收入做加法、对资产做减法。

收入对利润的重要性，以及对效率的重要性是毋庸置疑的，大多企业十分重视。但是，很多企业还没意识到资产对效率的重要影响。显然，轻资产运营对提升企业效率意义重大。

值得警惕的是，很多企业习惯了多年的高速增长，对外部环境的变化、宏观经济的增速放缓和新常态的特征及行业周期性的波动准备不足，或者根本就没有准备，仍旧重资产运营、高投入扩张，最终注定要付出沉重的代价，比如订单不足、产能过剩、库存积压、应收款收不回来等，最终导致企业高额亏损，甚至资金链断裂。

重资产运营模式的三大问题

根据我的经验，重资产运营模式通常会给企业带来三大严重问题。

现金固化

重资产运营模式的最大问题是现金固化，这会严重冲击企业正常的运营。试想，如果把日常生活必需的钱用来买房子或车子，你就有可能面临生存的问题，这时房子和车子对你而言还有什么意义？现金固化以后，企业资金链一旦出问题，在时间压力下，那些土地、房产、设备等也未必能迅速变现，很有可能造成资金链断裂。

费用刚性

重资产运营模式的第二大问题是费用刚性，其中包括居高不下的固定资产折旧，不断膨胀的财务费用、销售费用和管理费用。它拉高了企业的盈亏平衡点，会导致企业盈利能力下降。

资金风险

重资产运营模式的另一个表现就是企业的应收账款和库存越来越多，资金周转越来越慢，企业经营的现金流常年为负数，经常出现发不出工资、付不出货款的拖欠现象，只能靠外部融资维持企业的基本运营，资金风险非常大。

轻资产运营模式的优势

轻资产运营模式能够很好地解决重资产运营三大问题：

在流动资产的管理上，轻资产运营模式非常注重控制应收账款和存货总额。至于如何控制，我在后文会有详细的介绍。

在固定资产的管理上，轻资产运营模式非常强调利用社会化分工进行优势互补、资源整合，避免企业犯"小而全"的毛病。

什么都自己来、什么都自己做。这是轻资产运营最忌讳的问题，最好是：能租赁的不自建，叫作"租赁别人的资产，经营自己的业务"。企业的非核心业务，只要能外购的、外协的、外包的，就不自制。比如，苹果将自己的核心业务放在产品研发和市场营销上，而将生产制造环节外包给富士康。实际上80%的个人电脑公司都将自己的生产制造环节外包给全球各地的代工企业。

制造类实体企业适用轻资产运营模式吗

其实，制造类实体企业有些也可以选择轻资产运营模式（见图 3-5）。

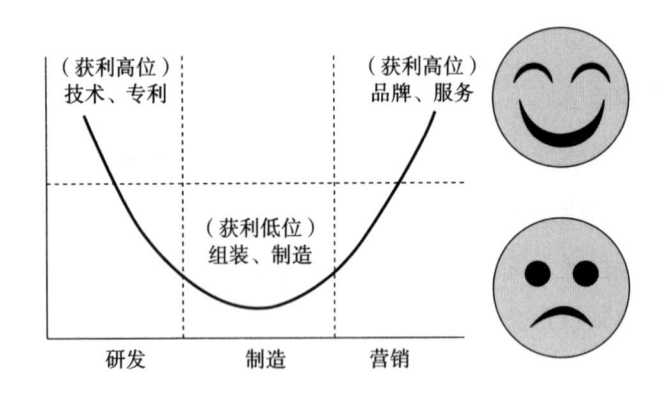

图 3-5 制造业轻资产运营模式

制造类企业的资源投入，应当尽量往两端投：产品研发端和市场营销端，这样企业就能增加获利空间（盈利能力）和拓展市场份额（成长能力）；减少生产制造端的投入，选择外购、外协、外包等方式。这样一来，企业就是一张"笑脸"，收获市场和利润。反之，就是一张"哭脸"，不但盈利能力低，而且抗风险能力也差。

有朋友说，吉利、华为、海尔这些制造业巨头不是也在制造端投入巨额资源吗？是的，它们确实在生产制造环节大力投入。你知道为什么吗？

这些公司是从生产制造起家的，它们拥有强大的生产制造专业团队，以及制造端的核心竞争力，当然不能舍弃，反而需要发扬光大。比如，2022 年度华为营业收入 6,423 亿元，投入研发费用 1,615 亿元，研发费用占收入比竟然达到了 25%。

重资产运营模式的主要特征

重资产运营模式主要有"四高"（见图 3-6）。

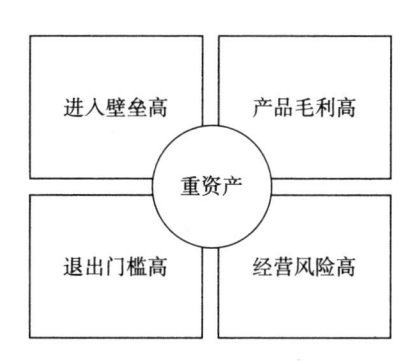

图 3-6　重资产模式的运营特征

进入壁垒高

需要巨额资金投入，动辄几十亿、几百亿甚至上千亿元，很少企业有这个资金实力。

产品毛利高

因为需要分摊巨大的刚性费用，抬高了企业的盈亏平衡点，如果毛利偏低，企业将难以盈利。

经营风险高

一旦外部环境变化，订单不足，收入大幅下降，企业就会出现巨额亏损。船大难掉头，也让企业难转型。

退出门槛高

企业如果长期经营亏损，退出或转型的成本会非常高，各种重投入形成的重资产处理和变现也会非常困难。

根据我的经验，重资产模式的企业需要特别注意资金风险，资金链断裂的风险比轻资产运营的企业要高得多。比如，当初非常知名的史玉柱的巨人集团破产，就是其在打造中国第一楼"巨人大厦"的时候，资金链突然断了。后来，史玉柱在推出脑白金产品的时候，开始启用轻资产运营模式。开始很难，咬咬牙就撑过来了。

对于确实属于重投入、重资产的企业，有几条财务忠告：

- 如果条件允许，固定资产投入应越少越好。
- 固定资产投资决策、预算尤为重要，必须做好项目的可行性研究、分析和论证。
- 务必千方百计地延长固定资产的使用时间。
- 严格区分生产性和非生产性的固定资产，闲置和在用的固定资产，进行分类管控。
- 延长使用周期，降低修理成本，做好固定资产的维护、保养、保管等日常工作。

资金分析的五个维度

想要提高资金效率，先要了解企业在资金管理过程中存在哪些方面的问题，并能分清问题的主次，这就需要我们掌握基本的分析方法。无论是资金分析还是财务分析、业务分析、经营分析、预算分析、绩效分析，都应从以下五个方面（见图3-7）依次展开，一个不能少。否则，得出错误结论，会误导决策。

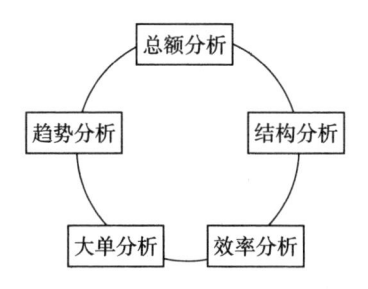

图 3-7 资金分析方法示意图

案例 3-4

资金分析，五个维度一个都不能少

我们有一家资金周转很困难的咨询客户，资金都沉淀在应收账款和库存上，总经理要求财务和业务部门一起好好分析一下：问题到底出在哪里？接下来怎么办？我们建议并指导他们的财务工作人员将应收账款和库存数据按总额分析、结构分析、效率分析、大单分析（或重点分析）结合趋势分析进行研究，见表 3-2。

表 3-2 资金分析模板

（单位：万元）

序号	项目名称	分析类别	分析指标	2023年	2022年	2021年	2020年
一	应收账款	总额分析	期末余额（万元）	4,500	6,400	3,400	2,800
		结构分析	半年以内	2,865	5,701	3,114	2,535
			半年至一年	993	248	109	87
			一年至两年	221	48	5	25
			两年以上	421	403	172	153
			半年以上占比（%）	36	11	8	9
		效率分析	周转天数（天）	40	52	28	21
		大单分析	A 客户欠款				
			B 客户欠款				
			……				

107

（续表）

序号	项目名称	分析类别	分析指标	2023年	2022年	2021年	2020年
二	存货	总额分析	期末余额（万元）	6,800	9,700	7,900	7,000
		结构分析	半年以内	4,430	7,290	6,470	5,900
			半年至一年	980	1,480	1,040	670
			一年至两年	730	450	230	310
			两年以上	660	480	160	120
			半年以上占比（%）	35	25	18	16
		效率分析	周转天数（天）	70	77	51	40
		类别分析	产成品	1,800	4,200	2,600	2,000
			在制品	1,100	1,300	1,200	1,000
			配套件	3,900	4,200	4,100	4,000
			……				

从总额来看，该企业的应收账款从2020年的2,800万元增加到2022年的6,400万元，虽然2023年下降到4,500万元，但其累计增幅也达60%以上。如果据此把目标设定为重点控制应收账款总额，那么会导致两个后果：第一，业务部门不服气，他们会觉得应收账款的增加是销售收入逐年增长的结果；第二，误导做出错误的决策。

但是结合效率分析来看，该企业的应收账款周转天数不断拉长，从2020年的21天拉长到了2023年的40天，资金效率呈下降趋势。也就是说，近年来，该企业的销售收入确实逐年增长，但是应收账款的增长速度更快，违背了应收账款的管理原则，即应收账款的增长速度应小于或等于销售收入的增长率。

那么，果真要重点解决应收账款的总额问题吗？

再来看结构分析。该企业应收账款账龄控制在半年以内，这没什么大的问题，但是账龄半年以上的问题就非常严峻了：

账龄半年至一年的，从 2020 年的 87 万元迅速上升到 2023 年的 993 万元；

账龄一年至两年的，从 2020 年的 25 万元迅速上升到 2023 年的 221 万元；

账龄两年以上的，从 2020 年的 153 万元迅速上升到 2023 年的 421 万元。

现在来看，该企业的应收账款结构问题比总额控制、效率提升要严重得多！当务之急，应当大力催收逾期的货款，最大限度减少坏账损失。

因为该企业可能有几百家客户，肯定存在时间与精力平均分配的问题，建议结合二八原则，采用大单分析或者重点分析，指导企业更高效率地落实应收账款催收方案。具体做法是：将客户分类，聚焦异常的欠款大户。这些客户的数量并不多，但是拖欠严重。

此外，进行指标分析时一定要和自己比较，如比同期、比上期、比预算（计划、目标）；同时还要和行业比较，如行业平均数、行业最好数等。

案例 3-5

为什么得出错误的存货分析结论

一家采用粗放式管理的浙江服装企业以前赚得盆满钵满，现在接近亏损的边缘，其每年处理库存的损失就高达千万元。于是，该企业老板请我们帮他们改善库存管理。起初，该企业的财务人员和生产人员很抵触这个项目。生产副总认为，他们的库存管理在行业里是做得比较好的，只是近年来服装行业不太景气导致库存周转不如以前。

我们先以该企业历史的库存数据进行比较发现，确实如同生产副总所言（见表3-3），库存周转速度从2018年的60天至2022年延长到了120天。那么，有没有改善空间呢？这就需要和行业对比了。我们找来行业先进水平的数据与该企业的数据进行比较，问题就来了：虽然行业的周转速度也在放缓，但其数据表现比该企业好得多。于是，该企业老板要求生产部门把2023年度的库存周转天数控制在100天以内。

表 3-3　存货分析示意表

项目	2018年	2019年	2020年	2021年	2022年
本公司库存周转天数	60	70	68	85	120
行业先进库存周转天数	30	38	40	50	60
2023年一季度实际周转天数	120				
2022年一季度实际周转天数	110				
2022年四季度环比周转天数	130				
2023年一季度预算周转天数	120				

2023年一季度该企业的库存周转天数是120天。财务总监向总经理汇报时提出：我们的工作团队没有做过服装行业，经过3个月的尝试，证明该咨询项目没有效果。2023年一季度的库存周转天数为120天，与2022年比较没有发生任何变化。

这个分析方法是片面的，所以他得出了错误的结论。

从库存周转的趋势来看，每年不断在放缓，2022年度的120天是四个季度平均的数据，很可能某季度的周转天数小于平均数，某季度的数据大于平均数。果然用第四季度数据进行环比分析，发现2023年一季度的周转天数120天不仅遏制了速度下行的趋势，而且加快了10天。

三　如何管理应收账款

对以赊销为主的行业、企业而言，应收账款直接关联着企业的资金效率和财务风险。它管理难、催收难，令人十分头痛。

应收账款管理应考虑哪些因素

应收账款之所以难管，是因为它涉及面很广，要考虑的因素很多（见图3-9）。

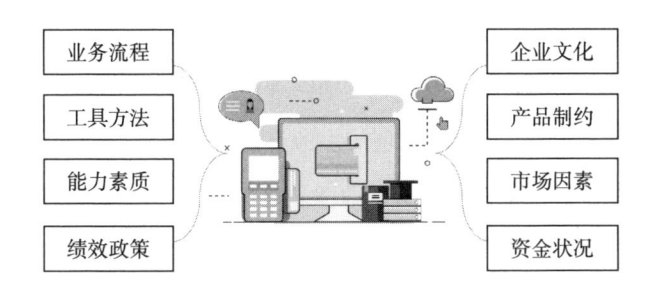

图3-9　应收账款管理难在何处

业务流程

很多企业没能把握流程中的关键控制节点，也未能做到应收账款闭环管理，致使应收账款的业务流程很长、管理很复杂。从选择客户开始，历经信用管理、合同管理、报价管理、订单管理、发货管理、发票管理、收款管理、对账管理、异常管理等，如果到了异常管理阶段还没能收回账款，就要转入逾期催收管理。

工具方法

应收账款管理也是一项系统工程，事前、事中、事后管控需要顶层规划、周密安排，并严格执行，但是我们发现很多企业并未掌握相应的方法和工具，建议企业借鉴并采用同行使用的方法和工具。

能力素质

应收账款的管理对业务人员的能力素质提出了很高的要求。他们不仅要精通销售、沟通、人性，还要了解产品、技术、质量，通晓商务、财务、法务等方面的知识。

绩效政策

从一定的角度来看，企业不合理的绩效政策，纵容了应收账款的增加，甚至可以说是应收账款管理的天敌。比如，有些企业对业务员实行"工资＋提成"的绩效政策，只要业务员订单量大，就按约定的提成比例兑现，不管货款是今年收回还是明年或者后年。在这种政策引导下，业务员会将注意力更多放在拿订单、催发货的环节，对收回货款关心不够。

企业文化

很多企业的老板都是搞业务出身的，他们比较认同以应收账款促进销售的方式。由于应收账款对企业的危害是事后的、滞后的，难以在销售的最初阶段察觉，因此形成依赖应收账款扩大销量的企业文化。

产品制约

有些企业的产品技术不够先进，质量不能稳定，也没价格方面的优势，只能依靠更长的欠款期限、更多的欠款金额拓展市场。

市场因素

企业所处的行业竞争很激烈，拖欠货款问题也很严重，企业不得不在市场份额和资金效率，甚至财务风险之间权衡利弊或者左右摇摆。

资金状况

这也是应收账款管理上需要考虑的非常重要的因素。一方面要考虑客户的资金状况，要不要给予客户一定的资金支持；另一方面要根据自己的资金状况，来确认自己有没有能力支持客户换来销量的增长。

按照销售业务的发生流程（见图3-10），我们分析一下应收账款事前和事中的管理方法。

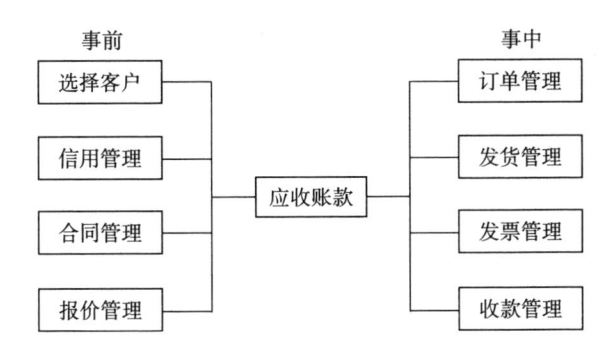

图 3-10 应收账款管控节点

选择客户

应收账款管理的源头就是选择客户。我发现很多企业的业务人员在第一步就出错，为什么？来自业绩的压力。比如，快到年底了，某个业务员离完成业绩目标还差 500 万元的缺口，是不是很着急啊？这时有一个长期未联系的客户说要下 500 万元的订单，先打 100 万元的定金。大多业务员会像抓住救命稻草一般死死地抓住这个客户。结果 400 万元的尾款可能再也收不回来了。

选择客户的第一个维度是诚信

如果客户是一个老赖，他就是有意欠款，把欠款等同于三无贷款（即无担保、无抵押、无利息）。这种应收账款收起来，通常让业务员连想死的心都有。

选择客户的第二个维度是资金

如果客户的资金非常紧张，员工工资发不出、供应商货款付不出、银行贷款还不了、国家税款也欠着，这样的客户能按期足额支付你们的货款？就算他本质是诚实守信的人，也因为缺乏资金支付能力而无法付款。

那么，如何判断客户的诚实守信和支付能力呢？很多企业的业务员基本凭经验和直觉。我从不否认经验和直觉的重要性，但是还必须要有信息的支持和数据的支撑，从而最大限度地减少决策失误，避免决策失误。

我建议企业为每个客户建立完整的档案（见表 3-4），通过收集、整理这些信息，来从诚信和资金两个维度对客户做出客观的评估。

表 3-4　客户档案信息一览表

基本因素	成立时间	财务因素	资产总额	信用因素	银行信用评价
	公司性质		资产金额		税务信用评价
	公司类型		资产负债率		工商信用评价
	公司规模		流动比率		客户信用评价
	公司形象		速动比率		供应商信用评价
	所属行业		经营现金流		员工信用评价
	所在地域		总资产周转率		销售前景预测
	详细地址		应收账款周转率		合作年限
	联系电话		存货周转率		合作诚意
	开户银行		销售毛利率		付款记录
	银行账号		销售净利率		
	公司税号		销售增长率		
	纳税身份				
环境因素	人员经验		行业前景	法人代表因素	基本信息
	人员规模		行业地位		联系电话
	法人代表年龄		营销能力		联系地址
	法人背景		生命周期		性格特征
	实缴资本		行业活力		不良嗜好
	股东背景		行业评价		教育背景
	营销网络				工作背景

客户建档是非常重要的一环，要尽可能地将表单模板上的信息收集齐全，也可以根据本企业实际情况，对表单上的信息项目进行删减或增加。表 3-4 中的信息不但有助于企业对应收账款的事前和事中管

理，对事后的逾期催收也有非常大的帮助。比如，知道客户的特征，催收的时候可以采取"投其所好"的方法；知道客户的短板，就能"攻其软肋"；知道客户的账户、资产，就能"保全财产"；知道客户的难处、需求，就能采取"双赢策略"；等等。

为客户建立基本档案，对企业和业务人员而言，有以下重要意义：

- 防患于未然（把住拖欠货款第一关）；
- 找到并筛选出更有价值的客户；
- 摸清行业状况和竞争对手底细；
- 培训业务人员甄别客户的能力；
- 预防呆死账的发生；
- 对客户进行分类，并区别对待。

信用管理

应收账款是由客户的赊销产生的，它的作用也是显而易见的：扩大销售收入、提高竞争能力、开拓销售渠道和稳定客户关系等。它的危害是滞后的、隐性的，后果是严重的：产生坏账损失、威胁资金安全、提高管理成本和增加财务费用等。风险主要集中在两个方面：不能及时收回货款、成为坏账。所以，必须对应收账款进行风险管控。现在，越来越多的企业运用信用管理的方法管控应收账款的风险。

根据行业和企业的实际情况，信用管理在实践中通常有两种做法：

一是总额管理。给予客户一定信用额度，要及时追讨超过额度部分的货款。比如，某客户信用额度余额是100万元，本次订货120万元,允许他打款20万元足额发货;由于该客户已用完100万元的信用额度,如果他再次订货120万元,则本次需打款120万元才能足额发货。

二是期限管理。给予客户一定的信用期限,超过信用期限的,要及时追讨货款。比如,某客户的信用期限是3个月,发货或开票后3个月以后的应收账款就是超期应收账款。

案例 3-6

应给客户的信用额度及信用期限

我们有一个客户,准备对应收账款实行信用总额管理。为达到管控目的,他们根据企业的管理基础和实际情况,兼顾易操作性,出台了信用管理六部曲(见图3-5)。

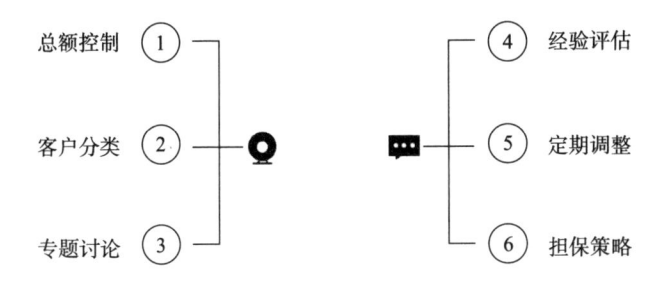

图 3-5 信用管理经验分享

总额控制。首先,确定信用总额,比如5,000万元。然后,授权业务部门在客户之间自主分配。

客户分类。要求业务部门按重要程度对所有客户分ABC类管理,引导业务部门尽可能地合理安排5,000万元的信用总额。比如,可以重点支持销售数量多的、利润贡献大的、增长潜力大的、诚实守信的客户，多给他们一些信用额度；少给甚至不给诚信度差的、合作意愿低的、增长乏力的、销量有限的客户信用额度。

专题讨论。不同的利益主体，对信用管理的态度是不同的。为了平衡各方立场，在总经理的牵头下，组织销售、财务、法务、信用等部门以专题会的形式，在客户分类的基础上，将5,000万元的信用额度进行分解，以便企业通过信用资源的投入，最大程度地促进产品销售。

经验评估。该企业在过渡期内没有全面搜集客户的基本资料，更多凭经验对客户进行评估。当然他们也参考了一些重要信息，比如客户的历史付款记录，银行、税务、工商部门的信用评级，客户、供应商、员工的评价，等等。

定期调整。为什么要定期调整呢？因为信用总额及分解到客户的信用额度，会随着外部环境的变化相应增减。比如，旺季来临之前或新产品推向市场时会临时调整额度。业务部门往往有主动调整额度的意识，而缺乏主动调减额度的动力。该企业以季度为周期，以专题会的形式，定期调整信用额度的做法，实现了信用管理因势利导，促进了企业产品的销售。

担保策略。实行信用总额管理的企业，一定要结合担保策略，管理才具有可操作性。即客户超信用不回款，信用管理就会失效，对此要有预防措施和补救方法。该企业首先按信用总额的一定比例确定担保总额，比如按5,000万元的10%确定担保总额为1,000万元。担保总额与信用总额一样需要总额控制，并在业务部门按职务分解，比如销售副总占20%、销售经理占30%、业务人员总额占50%。业务人员首先动用自己的担保额度，用完之后，还需担保，就得把其他客户的担保额度释放出来，或者申请使用其上级的担保额度。规定了担保额度，还要进一步明确担保的期限。可以根据企业的实际情况定担保期限，比如10天、20天或者30天。接下来，还要制定担保考核的实施细则。比如，如何奖励一年内没有担保，或者担保没有逾期的业务人员；如何计收担保逾期的每一笔利息；把一年内出现三次担保逾期的客户纳入黑名单管理，或者取消后续的担保资格，或者减少下一年度的信用额度；激励一年内没有出现担保或未担保逾期的客户，可以在第二年度给其更高的信用额度；等等。

需要注意的是，信用管理并不是放之四海而皆准的方式，仅适用于那些长年累月不断重复采购的客户，以此提高交易效率。某些情况，可能并不适用信用管理。比如，对于一次性买卖的客户，或者采购大型设备的客户，就没有必要采用信用管理方式。

另外，把信用管理放在业务流程的哪个环节比较合适呢？

有些企业直到发货时才检查客户的信用，这就非常被动。客户的信用额度已经用完，又不愿补足本次发货的信用缺口，如果业务部门没人肯为其提供担保，请问该批货发还是不发？如果这批货还是为这个客户定做的特殊订单，企业是不是会更加被动？

所以，企业应当在接单环节就开始实行信用管理。当发现客户的订单数额超过信用额度时，业务人员就要与客户沟通，让其先安排付款，或者为其担保。如果这个客户多次逾期，业务人员就该判断该笔订单接与不接，或者交由企业高层决策接与不接。

合同管理

合同是应收账款管理非常重要的载体，也是法律诉讼的主要依据。合同清晰地规定了双方一致同意的合作条款和交易条件，包括：双方的单位名称和地址，合同的标的、数量、质量和价格，合同的履行期限、地点和方式，违约责任，争议的解决办法，合同有效期，等等。

从应收账款管理的角度，给大家提几个建议：

第一，很有必要花钱请律师或法律顾问为公司量身定制一份合同样本。因为销售合同的主要目的是保护己方利益，避免货款损失。所以，尽量不用对方的格式文本。销售人员可以根据己方的合同模板，结合不同的客户或提供不同的服务进行修改。如果客户很强势，非用他们的合同文本不可，那就要善于利用补充条款明确应收账款的管理要求。

第二，服务行业在开始服务之前，应签订服务协议，约定服务范围和内容，明确劳务报酬不包括需单独计费的设计费、培训费等。最好在服务协议中明确先收费后服务的条款，否则收回款项会比较麻烦。

第三，重点关注与合同金额有关的付款条件、付款方式，必须约定清楚，避免歧义。某些客户的合同里竟然有这么一条："产品验收合格付款"，这个合同条款会给后续的收款带来非常大的隐患。试想一下，业务人员去收已经发给客户三个月的产品货款，如果对方以"东西放在仓库还没开箱检验"为由拒付，业务人员能收到货款吗？过了半年，当业务人员再次催讨货款时，客户说市场行情不好，你们的产品我们用不掉、卖不出，反正也没拆封，你们拿回去好了。结果过了两年，业务人员再去收款，客户还是这种话，业务人员是收不到货款的。如果必须把产品验收合格作为付款的前置条件，也应加个期限：客户必须在收到货物 7 个工作日内完成验收，否则视为验收合格。

报价管理

报价环节要考虑的因素也是比较多的。比如：

- 产品或服务的价格，含税还是不含税？
- 运费谁承担？
- 如果运费由客户承担，运输发票单独开还是和产品合并开在一起？这在税收上差别很大。
- 支付方式，是现金还是承兑汇票？如果是承兑汇票，是银行承兑汇票还是商业承兑汇票？
- 有没有安装费、设计费、培训费、售后服务费等？谁承担？还是已经包含在产品报价中了？
- 产品报价含不含配件？配件是单独计价还是赠送？
- 什么时候开具发票？专票还是普票？还有没有其他的开票要求？
- ……

如果在报价的时候没有约定或不明确约定这些信息，就有可能在货款回笼时产生不必要的纠纷，也有可能成为客户拖欠或拒付应收账款的理由。

订单管理

客户发来意向订单，接还是不接？对此要做三个方面的评估：

一是商务评估。根据报价环节双方确定的条件来考虑，在经济方面，是否可行？在盈利能力方面，是否符合设定的销售毛利率的底线？商务评估可由财务部门来主导。

二是技术评估。这个订单在技术层面是否可行？企业能不能满足客户要求的技术性能、质量标准、交付期限？技术评估可由生产部门牵头，技术、采购、质量等部门协同。

三是信用评估。客户的信用额度够不够？客户还有担保资格吗？担保信用额度不够的部分，谁来担保？信用评估可由信用管理部门来主导，未设立信用管理部门的，可由财务部门进行信用评估。

案例 3-7

大单来了，接不接

我们的一个客户，是一家生产销售环卫车、电源车等专用车辆的企业，刚拿下一个意向大单，大家都很兴奋，想通过大单实现企业全年的销售目标。

我仔细看了一遍他们草拟的销售合同，发现该订单在商务上并不可行。

- 合同金额 1 亿元，其实是亏钱的。销售部门之所以认为这笔订单是赚钱的，是因为他们未把利息费用、坏账准备、税费损失及部分费用分摊等因素考虑进来，这部分费用约合 800 万元。
- **资金缺口大**。销售回款是这么约定的：合同签订后预付定金 20%，产品交付再付 30%，一年以后支付 40%，三年以后支付尾款 10%。而企业对应的采购合同的关键供应商付款条件则是：货到付款。这是典型的销售和采购账期错配，会让该企业产生 5,000 万元以上的资金缺口，需要长时间垫支大额资金，在企业资金已经非常紧张的情况下，进一步加剧了企业资金链断裂的风险。
- 这个订单会导致企业损失 500 万元的增值税。把这个订单分解来看，它其实是两个项目：5,000 万元的环卫车设备采购，5,000 万元的中转站施工服务。该企业接单后需将施工服务外包出去，在"营改增"之前，施工企业开出的发票不能抵扣增值税，也就是说该企业拿不到增值税专用发票，将硬生生损失 17 个点的增值税。

由此看来，企业应立即做出相应的补救措施：首先重新与客户商谈价格和付款时间，其次与供应商交涉价格和付款条件，再次由我们的托管人员指导财务工作人员进行税务筹划。

发货管理

发货管理不是必不可少的环节，企业可以根据自身的实际情况决定发货方式。如果之前这个环节出现过比较多的问题，那就要加强发货管理。企业可从以下几个方面入手。

发货单审核

如果经常出现发货单数量不对、价格有误或者配置出错，那么发货单制单后可以再加一道审核程序。

发货单签收

当业务人员向客户催收货款时，如果没有任何签收手续，一旦客户矢口否认收到过货或者说数量不对，那应收账款可就难收了！可以增加一个发货单签收环节，避免此类问题发生。

发货单跟踪

既然有发货单的签收流程，那就应当进行跟踪核销：发货单有没有都按期签收回来？收回的发货单予以核销，尚未收回的发货单继续跟踪直到收回为止，没收回的、延期收回的发货单要及时纳入绩效考核。

案例3-8

发货环节差错多，怎么办

一家汽车改装厂的老板偶然发现，他们的发货管理存在较大问题。汽车改装的订单通常是一些非标订单，增加或删减某个配置也是常有的事。但是该老板发现，有时增加的配置的相应金额并没有在发货单的总价上体现出来，给改装厂造成很大的损失。同样，有时删减的配置的对应金额也忘了在发货单的总价上减下来，客户发现后就会不满甚至投诉。

老板立即要求改进业务流程：销售内勤制单后，财务人员应当对发货单进行审核。公司还给相关财务人员设立了相应的激励政策：审核出来的差错金额的10%奖励财务人员，计提5%考核业务；如果被客户发现差错的，按差错金额的20%同时考核财务人员和业务人员。

发票管理

在纸质发票的年代，还会涉及发票的传递和签收，而且增值税专用发票只有180天的抵扣期限，发票管理对应收账款的影响很大，很多货款纠纷是由发票问题引起的。比如，发货好几个月了，业务人员去催货款，客户说没有收到发票，重开发票就要重复交税；客户说发票开错了，退回重开，账期就得重新计算。

现在进入电子发票的时代，已没有发票传递和签收的问题，而且抵扣期限也延长至360天了，由发票带给应收账款管理的影响大大降低。可以把发票管理的重点放在开具发票的时间节点上。有些客户因为进项税额抵扣不够，要求提前开票，这就意味着企业还未完成销售却提前缴纳了税款；而有些客户由于还有留抵税额，要求等他们通知再开票，而通常客户又是按发票确认账期的，这就递延了企业的应收账款收回时间。因此，建议企业在合同上加上一条：随产品的发出开具发票。

收款管理

很多企业的收款管理做得不好,问题比较突出。

收款管理的指导原则是:多联系好于少联系,早联系好于晚联系。意思是,平常要多与客户交流,及早解决前期未尽的问题,做好服务,不在应收账款到期时才与客户联系,以免给客户造成一联系就是催款的不良印象。如果在这之前与客户的联系都是以服务为导向的,那么客户的体验会完全不同。

那么,如何做好收款管理呢?给大家三个建议:

发货前通知。业务人员应当在发货之前询问客户,如果按照约定,准备在第二天上午把产品送(发)对方,对方是否方便接收,可以微信、电话多渠道询问、确认,让客户有被服务和被关心的感受。一旦出现意想不到的状况,可随时做出调整。比如,送货上门时,发现客户因临时停电当天调休;仓库正在全面盘点,无人接收货物;等等。

发货后确认。建议业务人员在货物发出后两三天内尽快和客户确认:货物是否收到,验收是否顺利。如果有问题,可以马上帮客户处理,可以最大程度地减轻客户的不满情绪,最快速地解决售后纠纷。如果货物送达客户处,相关业务人员不闻不问,三个月后收货款时,客户很可能以产品有破损、配件有缺失、质量有问题等借口推延付款,甚至造成呆账或坏账,应收账款的纠纷就这样产生了。

付款前提醒。建议业务人员在临近付款期限的时候,与客户确认一下有无付款变化,也算是一个提醒。客户可能因为忙或其他因素忘了此事,避免应收账款逾期;即使客户临时有付款变化,也可以争取在货款逾期之前与客户达成变通方案，以确保应收账款的及时性与安全性。

四　如何进行库存控制

库存及其管理的必要性

对企业管理而言，库存就像应收账款一样，好处是显而易见的，主要集中在如下几个方面：

及时交付。在采购环节储备一定的原材料库存，可以避免出现生产车间因物料短缺停工待料的现象，减少因交付不及时带来的不确定性风险。在生产环节储备一定的在制品库存，可以帮助企业及时应对市场变化，快速交付订单。

促进销售。企业很难时刻准确把握市场需求，需结合历史数据分析，按预测订单生产并储备一定量的产成品（有些企业可能会以半成品或零部件的形式备货），有助于企业抓住机会、快速供货，从而提高产品销量，抢占市场先机。

提高效率。保持一定量的原材料和在制品，可以减少企业生产交换次数和准备时间，提高工作效率。淡季时生产储备一些零部件或半成品，可以实现企业均衡生产，避免旺季产能不足。

弥补短板。市场对企业的快速反应和柔性生产的要求越来越高，而有些企业由于管理基础比较薄弱和协调能力相对不足，容易产生供销矛盾。采购、生产和销售等相关环节分别持有一定量的库存，可以缓解产销矛盾，弥补管理短板。

如果不想方设法优化业务流程、提升运营效率、提高协同能力，一味依赖大量备货解决上述问题，就很容易造成企业上下懒政思维、方法单一、惯性运作，最终导致库存积压、资金紧张、成本高企。

案例 3-9

库存是万恶之源吗

有一家冰箱冷柜厂家配套电机制造企业，5 年时间营业额从 3,000 万元快速增长到 30,000 万元，但是突然破产清算了。原因是主机厂家对生产交付的要求越来越高，从 5 年前的交期 20 天，不断缩短至该企业破产前的 5 天。面对不断缩短的交期，该企业的应对之策就是不断增加库存，而该企业的资金周转本来就很困难，加上主机厂家的应收账款账期平均高达 6 个月，快速膨胀的库存成为压倒企业的最后一根稻草。

高库存的背后，可能掩盖了企业供应链协同管理的能力缺失，埋下了企业资金链断裂的风险！

库存的持有成本影响

库存最大的风险是会导致企业的资金链断裂。其次，是产生企业难以承受的持有成本。很多企业对库存的持有成本不太有概念，所以也就不重视，决策时往往忽略了这个关键因素。

案例 3-10

库存的持有成本是如何侵蚀企业利润的

某企业年初给采购部门下达降本增效的目标为 2,000 万元。如果完成该目标,企业将给予采购团队一次性奖励 200 万元。该部门以大批量采购作为与供应商的谈判筹码,确实实现了为企业降低采购成本 2,000 万元的目标。但是加大采购量致使原材料库存金额从年初的 1 亿元增加到年底的 3 亿元!

据统计,企业库存的持有成本占库存金额的 10%~30%,其中制造业约为 20%,电子通信行业约为 30%,甚至更高。

看到这些数据,很多老板会吓一跳,库存持有成本有这么高吗?我们来看看,它具体是怎么构成的(见图 3-11)。

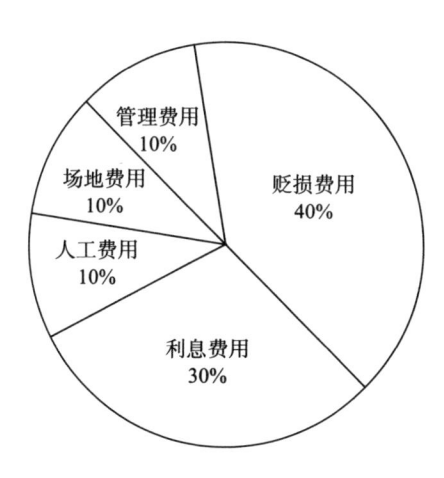

图 3-11 库存的持有成本结构分布

可见,在库存的持有成本总额中,贬值损耗费用和利息费用占比最大,两项约占 70%,其余的就是场地费用、人工费用和管理费用,三项约占30%。也就是说，年平均库存5,000万元的生产制造企业，每年的库存持有成本约1,500万元，减少库存1,000万元，就可增加利润700万元。

库存管理的衡量指标

企业持有一定量的库存，在一定程度上是可以缓解及时交付的问题的。但是，理论上库存还是越低越好。现在很多企业采用准时制生产（Just In Time，缩写为JIT）制度，而JIT的核心内容就是"零库存"。从理论上来说，用这样的方式来组织采购、生产和销售，效率是最高的，实际上却很难做到。比如，生产部门想马上拿到钢材投入生产，企业因为零库存只能求助供货商，但供货商不可能马上就把钢材送来，这就会导致生产待产。

库存管理的第一个指标是，能保障供货商及时交付，包括采购交付、生产交付和销售交付，可以将绩效管理指标设定为交货及时率。仅考虑及时交付一个维度，很可能导致库存失控。比如，采购员因为担心采购跟踪不够或者供应商产能不足，采购订单不能及时到货，或者库存数据不准、生产订单激增而导致缺货待产，把注意力都放在是否缺料上了，很容易把企业的库存规模越搞越大，企业的资金压力也就会越来越大。

库存管理的第二个指标是，控制库存总额，包括原材料、在制品和产成品的库存总额，可以把绩效管理指标设定为库存周转率。

库存管理的第三个指标是，控制库存结构。库存结构管理的作用是减少呆滞积压，减少贬值损耗，可以把绩效管理指标设定为呆滞积压率。对于呆滞积压库存，建议企业要做到三个单独：单列报表、单独存放、单独处理。

很多企业将库存管理的三大指标作为提升管理的重要抓手，库存管理的三大维度或衡量指标（见图3-12）相互之间应当保持动态平衡，在保障及时交货的基础上，库存总额越低越好，呆滞积压越少越好。当然，这取决于企业的供应链管理和协调能力。

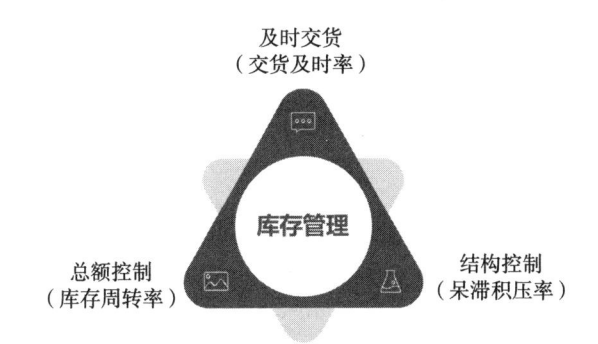

图3-12 库存管理维度示意图

库存控制的策略

库存控制三大策略简单实用，即压缩仓库面积、压缩采购周期、压缩生产周期（见图3-13）。

压缩仓库面积

经验告诉我们，一家企业的仓库有多大，库存就有多少；仓库面积越大，库存就会越多。苹果公司采用压缩仓库面积策略后，19个仓库减少为9个，库存周转天数从之前的60天缩短到2天。

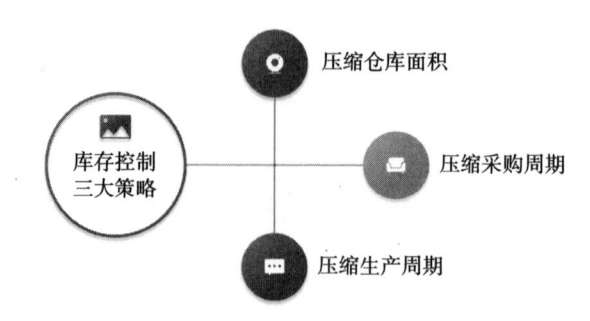

图 3-13　库存控制三大策略

压缩采购周期

这是控制原材料库存的有效方法。比如，有一家企业原来的采购周期平均为 3 个月（见表 3-5），采购 3,000 万元的材料时，可以满足 3 个月的生产用料，而企业每月产生的平均库存金额为 2,000 万元。如果将采购周期调整为 1 个月，采购 1,000 万元的材料可以满足 1 个月的生产用量，此时该企业每月产生的平均库存金额是 1,000 万元。

如何压缩采购周期？可以结合企业的生产用料、供应商的产能和物流运输等因素操作：首先，确定采购提前期；其次，制定每个物料的最低安全量、安全库存量和最高库存量；最后，确定每家供应商的采购周期。

表 3-5　压缩采购周期效果比较

单位：万元

项目	3 个月的采购周期			1 个月的采购周期		
	第一个月	第二个月	第三个月	第一个月	第二个月	第三个月
采购金额	3,000.00	-	-	1,000.00	1,000.00	1,000.00
生产用料	1,000.00	1,000.00	1,000.00	1,000.00	1,000.00	1,000.00
安全库存	1,000.00	1,000.00	1,000.00	1,000.00	1,000.00	1,000.00
期末库存	3,000.00	2,000.00	1,000.00	1,000.00	1,000.00	1,000.00
平均库存	2,000.00			1,000.00		

压缩生产周期

生产环节提升资金效率最有效的方法就是压缩生产周期。比如，在生产产值不变的情况下，原来的生产周期需要 3 个月，现在压缩为 2 个月，这意味着车间的资产周转率从原来的 4 次提高到了 6 次，生产交付时间压缩了 1 个月。

库存控制的经验

控制库存要有可落地的具体方法，我的经验是使用库存控制七步法，这个方法需要总经理或主管副总牵头，多部门协同参与。

第一步，公司管理层明确下达削减库存的目标；

第二步，制定库存控制的绩效政策并严格执行；

第三步，财务人员会同仓库人员编制物料收、发、存分析表；

第四步，定期举行专题会，分析库存多在哪里；

第五步，彻查问题库存的原因，并找出责任人；

第六步，找出问题库存产生的原因，并拟定行动方案；

第七步，相关工作人员执行改进方案，财务部门监督改进效果。

要达到削减库存的目的，还需要企业相关人员深入一线，彻查业务，从而发现问题、分析问题，并解决问题。比如，库存到底多在哪儿？哪一类存货出了问题，原材料、在制品，还是产成品？问题产品有哪些？分布在哪些仓库？哪些供应商的库存太多？哪条生产线的库存失控？哪些客户需要的库存做多了？……

除了以上的库存控制七步法，我再给大家提供一下库存管理的六大提醒：

第一，遵守仓库管理原则：账实相符，确保数量准确；先进先出，预防呆滞积压。

第二，控制库存持有天数：用库存周转天数思考库存的数量控制和金额控制。

第三，重视库存持有成本：必须要重视利息、损耗、租金和人工等持有成本。

第四，去现场看实物：只看电脑、报表，不看实物，没有真实感和冲击力。

第五，区分畅销滞销：要分开放置，确保畅销品不缺货、滞销品要及时处理。

第六，让供应商管库存：尽可能让供应商备货，将库存管理前置到供应商。

第四章

如何控制财务风险

第四章　如何控制财务风险

一　企业生存的基本条件

企业生存的两个基本条件是：以收抵支和到期偿债。也就是说，企业只有力求保持以收抵支，以及到期偿债的能力，才有可能减少破产的风险，使企业长期稳定地生存下去。

利润最大化或股东财富最大化，是企业管理的共同目标。以收抵支反映了企业的经营风险，利润说明了企业长期存续的意义。如果一家企业长期亏损且扭亏无望，股东一般会选择注销或者破产清算。

到期偿债反映了企业的财务风险，从资金的角度让企业感受到是否有难以为继的风险。如果一家企业因为现金流紧张，缺乏到期偿债能力，即使盈利性不错，也可能破产；即使企业成长性很好，也可能倒闭。

麦肯锡曾经对中国企业破产情况进行过深入调研，调查结论是：亏损性破产占比10%，盈利性破产占比30%，成长性破产占比60%。也就是说，缺乏以收抵支能力的企业的破产率仅占10%，而无法偿还到期债务的企业破产率高达90%。

所以，企业偿债能力的高低决定了财务风险的高低。

二 财务风险的评估

企业资金从何而来

任何一家企业的资金来源都是一样的,要么是股东自己投入的资金,要么是向债权人借入的资金。企业能够长期稳定地使用股东投入的资金,且无须向股东返还出资。而对于向债权人借入的资金,是需要企业按合同约定到期还本付息的,因此企业存在到期偿债的风险。企业向债权人借入的资金在资金总额中的占比越高,企业的财务风险就会越大;反之,股东投入的资金占比越高,企业的财务风险就会越小。

股东投入

股东投入企业的资金,分别记入资产负债表的四个项目中(见图4-1),包括:实收资本、资本公积、盈余公积和未分配利润。

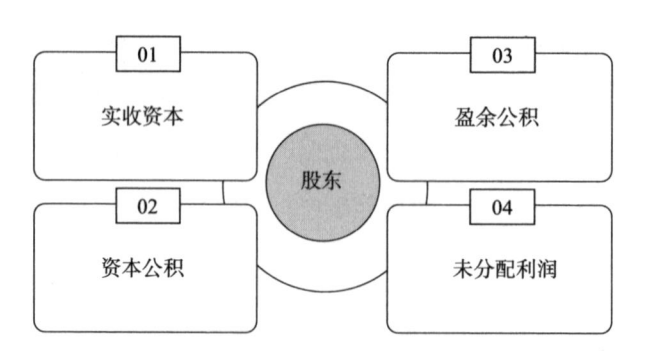

图 4-1 股东投入资金明细分类

实收资本

实收资本,顾名思义,就是股东实际投入企业的资金,也就是投资款。在会计报表中，实收资本和营业执照上的注册资本有没有关联呢？2013年《中华人民共和国公司法》(以下简称《公司法》)将企业的注册资本从实缴制修订为认缴制。其中，实缴到位的注册资本金额才是实收资本。所以，判断一家企业的资金实力，应当看企业的实收资本，而不是注册资本。

但是，很多人的观念没有与时俱进。有些企业的招标文件中还要求投标单位提供注册资本数据，把注册资本较大的企业作为有实力的指标之一，殊不知有些企业的注册资本很有可能没有实缴到位。《公司法》将实缴制修订为认缴制的目的是降低创业的资金门槛，鼓励大众创业，但是弊端也越来越明显。所以，《公司法》做出修订，注册资本仍然采用认缴的方式，但是加了一个期限，即"5年实缴"，要求企业必须在创立之日起5年内完成注册资本的实际缴纳，此条法规已经从2024年7月1日起开始实施。

资本公积

资本公积和企业的利润无关，它是一种非利润性的资产增值，也称为资本溢价。资本公积带给股东的财富增长，在某种程度上比利润积累的效果更好更快。所以，企业家在重视利润管理的同时，也不能忽视企业资本的溢价管理。利润管理和溢价管理，两手都要抓，两手都要硬！

由于资本公积在会计处理上比较复杂，我们给大家介绍两类典型的资本公积项目，即资本溢价和股票发行溢价。

资本溢价，是指企业新的股东出资超过股本部分的金额。

案例 4-1

为什么不以原始成本定价转让股权

张三和李四各自出资 100 万元共同成立一家公司，注册资本即实收资本 200 万元，股权比例各占 50%，此时该公司尚不涉及资本溢价。公司成立不久，邀请王五入股，王五欣然同意，出资 100 万元。此时公司的注册资本变更为 300 万元，股权比例各占三分之一，资本溢价依然为零。

公司经营得有声有色，三年下来累计盈利 1,200 万元，每人可分红 400 万元。此时，如果赵六出资 100 万元加入，股权比例各占四分之一，那么原来的三个股东每人能分红 400 万元，现在四个股东每人只能分红 300 万元，就相当于把之前赚的利润中的 300 万元白白送给了赵六，原股东每人减少分红 100 万元。

所以，原股东要求赵六以溢价的方式成为新股东。假设赵六投入 500 万元，将其中 100 万作为注册资本、400 万作为资本溢价，此时可分配资金余额为 1,600 万元，平均每人仍可分红 400 万元。但是现实情况是，张三、李四、王五承担了前期的风险，积累了公司的资源，赵六的投入金额应该大于 500 万元。如果赵六投入 700 万元，把其中的 100 万元作为注册资本，那么剩余的 600 万元就是该公司的资本溢价。

什么叫作股票发行溢价？上市公司在成立的时候，原始股是 1 元钱 1 股，在上市之前，会经过资产评估制定股票的发行价格，假设其发行价格为 10 元钱 1 股，企业上市后变成了 50 元钱 1 股，两者之间的差异就是企业股票发行溢价。也就是说，股份公司以超过股票票面金额的发行价格发行股份所得的溢价款。即：股票发行溢价=（股票发行价格－股票面值）×发行股数。举个例子，某公司发行了1,000万股面值为1元的普通股，发行价格是50元/股，那么股票发行溢价为4.9亿元。该公司的股票发行溢价较高，意味着市场对该公司的认可度高，认为其有很大的成长空间和不错的盈利能力。

所以，企业要格外重视溢价管理，最好与利润管理一起作为企业经营的两条主线同时推进。也就是说，企业要实现溢价最大化，就要在做好利润管理之外，重点加强无形资产管理，让企业的股权更加值钱。企业如果能够成功上市，股票发行溢价的资源变现效应是最大的，只是对中小企业而言，这种可能性不大，但是被上市公司收购的机会会相对较多，其资本溢价的变现效应也是非常可观的。

案例 4-2

3,000万元收购的公司为何能卖到3亿元

杭州有家企业的老板准备出国定居，将企业以3,000万元的价格转让给销售副总。三年后该企业被一家上市公司以3亿元的价格收购，而在此前的三年里，该企业产生的利润累计不到3,000万元，这就是股本溢价的结果。股本溢价主要表现在以下几个方面：

- 企业的专利、商标、非专利技术；
- 企业的品牌、荣誉、资质、商誉；
- 企业的产品秘方、配方、工艺等；

- 企业的数据资产、信息化应用等；
- 企业的销售体系、供应体系、员工体系、管理能力等；
- 增值潜力大的土地使用权及建筑物等等。

有家企业主营业务是养殖试验动物——小白兔、小白鼠，属于农林牧副渔产业，邀请我们为其指导溢价管理。当我了解到与动物试验相关的项目属于国家鼓励的高科技行业时，我建议他们与医院、医学机构合资建立公司。目前，新建立的公司运营才两年多，已有上市公司与其洽谈收购事宜了。

盈余公积

盈余公积和资本公积有很大的区别。资本公积一般来自股本溢价，和利润没有直接关系，属于非利润性资产增值。而盈余公积和股本溢价没有关联，却和利润直接相关。企业当年产生的利润总额，上缴企业所得税后形成净利润：10%用于提取盈余公积、90%作为未分配利润。也就是说。盈余公积和未分配利润都来自企业的利润积累。

为了企业长期稳定的发展，国家对股东分红做出了一些限制性要求。《公司法》[1]第二百一十条规定：公司分配当年税后利润时，应当提取利润的百分之十列入公司法定公积金。公司法定公积金累计额为注册资本的百分之五十以上的，可以不再提取。

公司法定公积金在资产负债表上等同于盈余公积。比如，某公

---

[1] 本文涉及事例、法律法规的情况截止2024年12月31日。如有更新，请以新版本为准。

司当年产生净利润 1,000 万元，其中的 100 万元用于提取盈余公积，900 万元为新增未分配利润，连同之前尚未分配的余额，可按股东会决议自主分配。

盈余公积本身就属于企业净利润的一部分，一经提取形成盈余公积后，一般情况下不得用于向投资者分配利润，可用于弥补企业的亏损或者转增资本。

未分配利润

企业当年产生的净利润，除提取盈余公积以外，全部纳入未分配利润项目，用于股东分红。要注意的是：企业向自然人股东分红时，需要代扣代缴 20% 的个人所得税，否则会被税务机关处以 0.5~3 倍的罚款。有些企业的股东为逃避分红缴纳个税的义务，通过借款、消费、转增资本等方式将资金转入个人名下，这是违法的。

案例 4-3

视同股东分红补缴个税的五种情形

实践当中，很多企业为逃避股东分红环节缴纳的 20% 个税，不通过分红的方式，巧立名目将公司的资金或财产转入个人名下，如借款、购买资产、转增资本等，常见的五种操作手法都是违法的，需要视同股东分红缴纳个税。

投资者向企业借款

投资者向企业借款，应视同企业对个人投资者的股利分配。

实际工作中，常见个人投资者向企业借款，借款挂在其他应收款等往来账户。根据财税〔2003〕158号文的规定，只要个人投资者在该纳税年度终了后既不归还借款，又未将借款用于企业生产经营的，对其所借款项视为企业对个人投资者的红利分配，按20%税率计征个人所得税。

值得注意的是，因为上述文件只约束投资者借款，在实际工作中，有的投资者将借款转化为其配偶、子女或其他亲属借款，想钻空子逃避纳税。为此，有关部门进一步出台财税〔2008〕83号文规定，将个人投资者从企业借款不还视同股息、红利所得征收个人所得税的政策延伸至投资者家庭成员。文件规定，投资者家庭成员向企业借款用于购买房屋及其他财产，将所有权登记为投资者、投资者家庭成员，且年度终了后未归还借款的视同投资者取得股息、红利所得征收个人所得税。

投资者将企业资金用于消费性或财产性支出

个人投资者将企业资金用于消费性或财产性支出，应视为企业对个人投资者的股利分配。

个人投资者以企业资金为本人、家庭成员支付与企业经营无关的消费性支出及购买汽车、住房等财产性支出，根据财税〔2003〕158号文，按照实质重于形式的原则，应认定实际是个人投资者获得了股息、红利，应依照20%税率缴纳个人所得税。

财税〔2008〕83号文规定，将企业的资产计入个人名下，即使为企业使用，同样要征收个人所得税。文件要求，企业出资购买房屋及其他财产，将所有权登记为投资者个人、投资者家庭成员的，不论所有权人是否将财产无偿或有偿交付企业使用，其实质均为企业对个人进行了实物性质的分配,应视同投资者取得股息、红利所得,缴纳个人所得税。

盈余公积、未分配利润转增实收资本

盈余公积、未分配利润转增实收资本,可视为企业对个人投资者的股利分配。

盈余公积和未分配利润来源于企业在生产经营活动中实现的净利润,所以盈余公积和未分配利润转增个人资本实质上是把净利润分配给股东,是对股东股份的重新量化,个人应当缴纳个人所得税。国税发〔1997〕198号和国税函〔1998〕333号都作出规定,盈余公积转增个人资本应按照"利息、股息、红利所得"项目征收个人所得税。

资本公积转增实收资本

资本公积转增实收资本,应视为企业对个人投资者的股利分配。

国税发〔1997〕198号规定:"股份制企业用资本公积金转增股本不属于股息、红利性质的分配,对个人取得的转增股本数额,不作为个人所得,不征收个人所得税。"虽然该文件明确规定资本公积金转增股本不征税,但是,在随后的国税函〔1998〕289号进行了相应的补充说明。

国税发〔1997〕198号文件中所说的资本公积转增个人股本不需征税,专指股份制企业股票溢价发行收入形成的资本公积金转增个人股本不作为应税所得,不征收个人所得税,而与此不相符合的其他资本公积金转增个人股本,应当依法征收个人所得税,包括企业接受捐赠、拨款转入、外币资本折算差额、资产评估增值等形成资本公积金转增个人股本要征收个人所得税。

已分配挂账但未支付的股利

已分配挂账但未支付的股利，应视为企业对个人投资者的股利分配。

很多情况下，企业将应分配给投资者个人的分红挂在应付股利、其他应付款等往来会计账户，并未实际支付。对于此类情况，国税函〔1997〕656号明确规定，扣缴义务人将属于纳税义务人应得的股息、红利收入，通过扣缴义务人的往来会计科目分配到个人名下，收入所有人有权随时提取，即应认为所得支付，应及时代扣代缴个人所得税。

债权人借入

当企业资金不够的时候，会通过各种渠道借入资金，包括向银行借款、从银行开出承兑汇票、向社会发行债券、暂欠供应商货款、预收客户货款、欠其他单位或个人的资金等（见图4-2）。

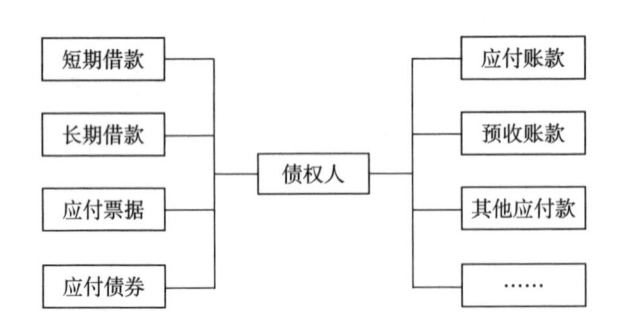

图4-2 债权人借入明细分类

企业在成长过程中因为各种投入很高，因而对资金的需求量很大，仅依靠股东投入的资金发展会比较慢，可以通过银行贷款缓解企业资金压力。

银行以流动资金贷款的名义借给企业的资金，称为短期借款，期限在一年以内。期限一年以上的项目贷款在资产负债表上是长期借款。企业向银行缴纳一定数额的保证金，开出同等金额或者更高额度的银行承兑汇票，用以支付供应商的货款，这种承兑汇票叫作应付票据。

如果一家企业的银行贷款金额很高，那么就需要了解其偿债能力，关注其还本付息的风险；如果一家企业的资金很紧张，银行贷款却很少，那也有可能表示企业的资质不好，银行信用评级低。

企业通过对外发行债券融资，会记录在资产负债表的"应付债券"科目，它具有期限长、金额大、到期无条件支付本息的特点。一般来说，能向公众发行债券的企业的综合资质比较好，信用评级比较高，因为企业发债券需要经过发改委的批准，这对企业的资金实力、盈利能力及发债项目有较高的要求。由于债券是公开市场上的融资行为，一旦逾期违约，对企业的负面影响会非常大，企业的信用评级将被锁死。另外，企业无力偿还到期的债券时，是很难与债权人协商债券展期的，比和银行协调续贷或展期都要困难得多。

企业以银行借款、应付票据、应付债券的方式融到的资金，属于强制性负债，也是付息负债。这类负债除了要支付利息外，对其到期偿债的法律约束也是非常严格的，这强化了企业的财务风险。

除了银行融资和发行债券以外，供应商和客户也会成为企业的债权人。应付账款反映的是企业欠供应商的货款，预收账款反映的是预收的客户的定金或保证金，其他应付款记录的则是企业欠其他单位或个人的资金。这些负债属于非强制性负债，一般也没有附带利息的要求，债务到期以后协商或变通的余地相对大一些。

如何看待应收与应付

企业的应付账款余额很高，好，还是不好？

企业几乎没有应付账款，好，还是不好？

企业的预收账款很高或很低，好，还是不好？

财务数据如果出现异常，不代表企业经营情况一定有问题，还有可能企业经营情况特别好。当然，也有可能企业经营情况特别差。这就需要我们分析数据是如何形成的，以便挖掘数据背后的业务逻辑。例如家电、手机、汽车等行业的主机厂家，由于市场体量很大，规模优势明显，在供应链上有谈判筹码，它们会要求供应商的账期在6个月以上。相关供应商都想进入它们的供应商体系，一些行业头部企业会主动结清到期的账款，类似这样形成大额应付账款的企业，就是好企业。因为欠供应商的货款与银行贷款不同，应付账款无担保、无抵押、无利息，可以在不影响企业信用的基础上，尽可能拉长采购付款账期。

如果企业1月底到期的应付账款总额为5,000万元，老板认为连工资都发不出来了，只能先欠着；2月底到期的应付账款总额增加到8,000万元，老板仍未有任何还款计划。于是，该企业的应付账款就像滚雪球一般越滚越大。年底供应商联合起来向法院起诉，法院查封了该企业的账户，冻结了企业资产，企业陷入破产清算的境地。

当然，企业的应付账款数额很大，是好是坏还不一定，要进一步分析它到底是如何形成的。相反，如果企业几乎没有应付账款，也很难说清楚其经营是好还是坏。

案例 4-4

看懂会计报表，做对经营决策

茅台集团的现金流非常好，账上货币资金量非常大，如果只是拿来理财，未必能获得太高的资金收益，所以他们运用财务策略获益：将现金流的优势转化为净利润。具体做法是，对供应商承诺，采购付款零账期，他们收到货和发票即付讫，但要求供应商给予3~5个点的价格优惠。这类几乎没有应付账款的企业就是好企业。

某生产智能节水装置的高科技企业，是我们的一个客户。这家企业有三个突出的特点：一是盈利能力很强，销售毛利率50%以上，销售净利率20%以上；二是销量增长很快，三年时间营业额翻了一番；三是资金非常紧张，已欠核心团队500万元以上的工资奖金。我发现，这家企业的应收账款非常高，却几乎没有应付账款，这就很奇怪了，因为按照他们的规模及其行业惯例，他们至少应有1,000万元左右的应付账款。我认为，该企业老板在"看懂财务报表，做对经营决策"上出了大问题。

他们在与供应商谈判的时候，采取了错误的策略：先压价格，再谈账期。采购员和供应商先谈一轮价格，然后换成采购总监再压一次价格，接着总经理出面再挤一次水分，尤其重要的供应商，会由董事长亲自出马锁定价格。当他们认为价格基本到位时，供应商已经准备放弃合作了，因此，当他们与供应商谈账期的时候，供应商的态度是可以预料到的：要合作也可以，必须款到发货。

然而，这家企业生产外包，轻资产运营，缺乏抵押物和担保人，银行对其不感兴趣，外部融资困难重重。因此，他们真正要面对的问题就在资金上,当该账期内的应付账款总额达到1,000万~2,000万元时,就相当于该企业从银行借到同等金额无利息、无抵押、无担保的资金。所以,该企业应采用的正确的谈判策略是:制定合理有效的账期谈判方案,先谈账期,再压价格,以应付账款改善企业的现金流。当然,双方设定好账期,再压价格,可能就没有之前那么满意的价格了,但是这种相当于三无贷款的融资方式,将为企业节省5个点左右的融资成本。

应付账款很高:可能企业的现金流紧张,有资金链断裂的风险;也可能企业掌握了足以影响上下游的话语权。

应付账款很低:可能企业出现了方向性的经营决策错误,加剧了企业的财务风险;也可能是企业以现金流优势进一步提升盈利能力的手段。

那么,企业的预收账款很高,如何判断它的好坏呢?这也需要具体情况具体分析。预收账款通常来自客户的定金或保证金,以及预先支付的货款,这类企业的产品往往比较受市场的欢迎,让客户能够接受这种预先付款的合同条款。也就意味着,预收账款很高的企业,往往是一家好企业,要多关注这类企业的产能问题。预收账款很高的中小民营企业,要多关注其税务问题,很有可能货物发出去,钱也收回来了,财务部门没有开发票,由此形成的预收账款会带给企业非常大的税务风险。

如何评估财务风险

企业的资金来自两个方面:自有资金和借入资金。自有资金就是股东投入的资金，在资产负债表上叫作所有者权益，有时也简称净资产。借入资金就是向债权人筹集的资金，资产负债表上叫作负债。负债分为短期负债和长期负债。

股东投入的钱加上从外面借的钱，形成了企业的资产，有时也称为总资产或资产总额。资产负债表的一边是钱从哪里来，另一边则是钱到哪里去，两者如同一枚硬币的正反面，资金的来源和资金的使用一定是等额的。那么，资产负债表的计算公式就出来了：

$$资产 = 负债 + 所有者权益$$

这个公式就是资产负债表的结构，也叫作资本结构。要了解一家企业的家底如何，不能看它的资产总额，要看它的净资产。如果该企业的资产大部分来源于债权人的借入资金，就要关注企业的财务风险是否可控，能否到期偿债。

有些企业的总资产并不多，但是不欠别人的钱，全部是股东自己的钱，这些企业几乎没有财务风险。当然，这并不说明这些企业一定是好企业，很可能因为这些企业没有借鸡生蛋、借船出海，导致发展太慢，从而错失市场机会。

所以，对于资本结构而言，要尽量追求自有资金和借入资金的平衡。此外，评价资本结构是否合理、财务风险是否可控的指标是资产负债率。它的计算公式为：

$$资产负债率 = 负债 / 资产总额$$

经常看到有些报道中提到某某知名企业的资产负债率120%、150%，我觉得他们可能误用了资产负债率的计算公式。因为负债只是资产总额的一部分，另一部分是自有资金，所以一般情况下，资产负债率会小于1（100%），除非企业出现了资不抵债的情况，即企业经营持续亏损，已将股东投入的资金和历年的结余都亏光，这时候的总资产是会小于负债的。比如，你花100万元买了一套房子，首付20万元贷款80万元，当市场价格跌到80万元以下的时候，房子就变成了负资产；如果人们普遍预期房产价格将一路下行，那么部分持有者就会选择断供，这叫作资不抵债。

将资产负债率控制在多少才是适合的？一般企业的区间在50%~80%，因为行业之间差异性很大，关键是要与同行业进行比较。比如，金融行业的资产负债率在90%左右，房地产行业约为80%，机械制造业在70%左右。

资产负债率指标代表企业偿还到期债务的能力，因为这个指标的综合性太强，很少有企业能够熟练驾驭它，所以建议大家不要刻意借钱加资金杠杆（资金杠杆＝总资产/净资产），应当将资产负债率控制在行业平均值以下。有些房地产行业企业因为财务风险管控不当，导致资金链断裂的情况不断发生。多年前，绿城集团的资产负债率持续在90%左右，而同行业中较好的企业资产负债率约在70%，绿城集团偿还到期债务的能力不足，导致财务风险增大。每当经济增速回撤、金融政策收紧，绿城集团的现金流就会很紧张，资金链摇摇欲坠。为了渡过资金危机，他们只能断臂求生，卖土地使用权、卖项目，直至卖股权。这种激进地运用财务杠杆带来的风险，警示如下：

- 连续多年经营性现金流为负数；
- 连续多年资产负债率高位运行；
- 项目开发和上一年（销售）周期相对偏长；
- 项目开发短、平、快目标未能实现；
- 融资紧缩是压倒骆驼的最后一根稻草；
- 不得已只能卖土地使用权、卖项目，最后卖股权。

案例 4-5

借款炒房是明智选择吗

在"温州炒房团"最疯狂的时候，一些企业的资产负债率几乎达到100%，将财务杠杆用到了极致！其商业模式大致是这样的：80%资金来源于银行抵押贷款，利率一般为5%~10%，得益于当时首付20%的优惠政策。这时资产负债率是80%。但是，炒房疯狂的时候，即使20%的首付款，很多也是借来的，主要来自民间借贷，有的资金成本年化利率达到20%以上。在那段时间，"温州炒房团"所到之处房价几乎翻番。财务杠杆发挥了巨大的财富乘数效应。我们用数据来做分析：

某行事风格比较保守的杭州太太A，听别人说房子买进一年后可以净赚50%，于是，她把家里的存款拿出来全额买了一套150万元的房产。某温州太太B，行事风格比较激进，不仅将自己家里的存款150万元全部拿出，还分别从银行和亲戚、朋友处借款600万元，平均利率8%，买了5套单套价格150万元的房产。

假设一年后房子涨价 50%，两人顺利将房产卖出，利润落袋为安（见表 4-1）。

表 4-1　借款炒房效果分析（1）

项目名称	自有资金 150 万，银行贷款 600 万	自有资金 150 万，无银行贷款
支付买房成本（万元）	750	150
支付贷款利息（万元）	48	0
取得卖房收入（万元）	1125	225
炒房收益合计（万元）	327	75
销售利润率（%）	29	33
资产周转率（次）	1.5	1.5
资本杠杆（倍）	5	1
资产负债率（%）	80	0
综合回报率（%）	218	50

从数据来看，两位太太投入的自有资金都是 150 万元，杭州太太 A 赚了 75 万元，投资回报率为 50%，温州太太 B 赚了 327 万元，投资回报率高达 218%。两人的资金周转效率都是 1.5 次（收入/资产），因为有贷款利息，温州太太 B 的销售利润率略显低一点，但其投资回报率比杭州太太 A 高出一大截，唯一的因素就是加了资金杠杆。杭州太太 A 全部用自有资金买房，资产负债率为零。温州太太 B 的买房资金总额是 750 万元，其中自有资金为 150 万元，加了 4 倍资金杠杆（总资产/净资产），其资产负债率 80%（负债/总资产）。

假设一年后房子出乎意料地大跌 50%，预期仍将继续下跌，两人只好将房产止损卖出（见表 4-2）。

表 4-2　借款炒房效果分析（2）

项目名称	自有资金150万，银行贷款600万	自有资金150万，无银行贷款
支付买房成本（万元）	750	150
支付贷款利息（万元）	48	0
取得卖房收入（万元）	375	75
炒房收益合计（万元）	−423	−75
销售利润率（%）	−113	−100
资产周转率（次）	0.5	0.5
资本杠杆（倍）	5	1
资产负债率（%）	80	0
综合回报率（%）	−282	−50

这回温州太太B可是亏惨了，5套房产全部卖出，她会亏损423万元，投资回报率−282%；杭州太太A则亏损75万元，投资回报率−50%。导致两者如此大差距的原因也是温州太太B加了资金杠杆。

结论：资产负债率（资本杠杆）指标是一把双刃剑，在有利润的情况下，它能让你赚得更多，一旦出现亏损，它会让你的损失成倍地增加！所以，要谨慎使用，确保风险可控。

资产负债表实战运用

中小企业的资产负债表样式为左右结构（见表4-3），左边是资金的使用，按照资金的流动性大小排列，包括流动资产和非流动资产，流动资产又分为三类：货币资金、应收的各种债权和存货。右边是资金来源，按照资金的风险性大小排序，包括负债和所有者权益，即借入的资金和股东的资金。

表 4-3 中小企业资产负债表样式

资产	年初数	期末数	负债和所有者权益	年初数	期末数
货币资金			短期借款		
短期投资			应付票据		
应收票据			应付账款		
应收账款			应付职工薪酬		
其他应收款			应交税金		
存货			其他应付款		
其他流动资产			其他流动负债		
流动资产小计			长期借款		
			其他长期负债		
长期投资			**负债小计**		
固定资产原值					
减：累计折旧			实收资本		
固定资产净值			资本公积		
在建工程			盈余公积		
无形资产			未分配利润		
非流动资产小计			**净资产小计**		
资产合计			**负债和所有者权益合计**		

我用通俗易懂的说法，让大家明白资产负债表上的这些项目都是干什么用的。

- 钱放在保险箱、银行账户里：货币资金（包括现金和银行存款）；
- 钱压在库存商品上：存货（包括原材料、在制品和产成品）；

第四章　如何控制财务风险

- 钱在客户那里还没有给我们：应收账款；
- 钱是占用（欠）供货商的还没付给他们：应付账款；
- 钱用在设备、厂房上：固定资产、自建工程；
- 钱用于购买专利技术、土地使用权：无形资产；
- 钱投资外面的子公司：长期投资；
- 钱是股东们投入的：实收资本；
- 钱是父母赞助的或者资本溢价等：资本公积；
- 钱是经营中赚来的：盈余公积、未分配利润；
- 钱是找金融机构借来的：短期借款、长期借款；
- 钱是占用内部职工的：应付职工薪酬；
- 钱是准备支付税费的：应交税金；

…………

从上述资产负债表的样式来看，其项目很多、内容很广，很多人觉得眼花缭乱，不知道从何着手。其实，资产负债表就说了一件事：企业的财务状况到底如何。而财务状况紧紧围绕两个关键点——效率和风险展开（见图4-3）。

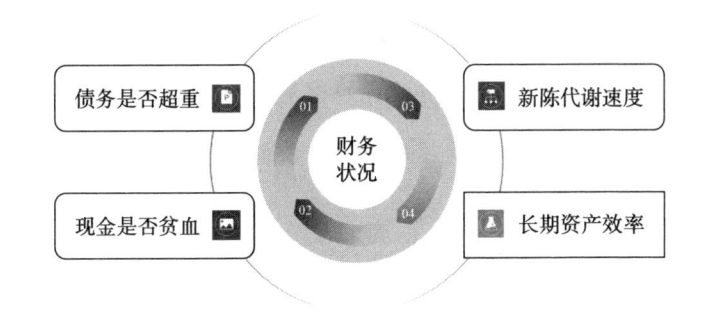

图4-3　资产负债表要点提示

效率：运营是否高效

应收账款、存货等流动资产的周转效率高吗？

固定资产等非流动资产的运营效率满意吗？

风险：风险是否可控

偿还到期债务的风险可控吗？（资产负债率）

账上货币资金支付会短缺吗？（经营现金流）

衡量效率高低的指标是资产周转率，包括总资产周转率、应收账款周转率、存货周转率、固定资产周转率等。评估风险大小的指标是资产负债率，至于现金是否短缺，在企业里有两个人不用指标分析就能敏锐地感觉出来：一个是企业负责人，一个是财务负责人。如果这两人对发工资、付货款十分头大，那么该企业的货币资金的安全性就有可能出现问题了；如果这两人不太关注企业什么时候发放工资、什么时候支付货款，那么这家企业的货币资金储备量就是安全可控的。

案例 4-6

公牛集团的资产负债表分析

表 4-4 是我根据公牛集团资产负债表的报表项目整理的财务状况分析简表。通过这个分析表我们可以得出如下结论：

表 4-4　公牛集团财务状况分析简表

单位：亿元

关键词	指标项目	2023年	2022年	2021年	2020年	2019年
项目	资产总额	197.60	166.50	154.70	124.40	74.17
	其中：货币资金	47.44	46.12	43.77	37.53	7.34
	应收账款	2.65	2.27	2.20	1.84	1.97
	存货	14.21	12.85	13.77	7.88	9.80
	固定资产	19.86	18.54	14.94	11.82	11.53
	负债总额	53.02	42.37	47.18	33.00	18.65
	所有者权益	144.60	124.20	107.60	91.37	55.51
	营业收入	156.90	140.80	123.80	100.50	100.40
效率	总资产周转率（次）	0.79	0.85	0.80	0.81	1.35
	应收账款周转率（次）	59.21	62.03	56.27	54.62	50.96
	存货周转率（次）	11.04	10.96	8.99	12.75	10.24
	固定资产周转率（次）	7.90	7.59	8.29	8.50	8.71
风险	资产负债率（%）	26.83	25.45	30.50	26.53	25.14
	货币资金占总资产比例（%）	24.01	27.70	28.29	30.17	9.90
	流动比率（%）					
	速动比率（%）					

1. 公牛集团的资产运行非常高效。

- 存货周转天数控制在30天左右，作为制造业类企业，公牛集团已经是行业的佼佼者了；
- 应收账款周转天数才6天左右，意味着公牛集团几乎达到款到发货；
- 固定资产周转天数仅45天左右，说明公牛集团采用了典型的轻资产运营模式。

2. 公牛集团的财务风险完全可控。

- 作为衡量财务风险的重要指标，公牛集团的资产负债率竟然不到30%，说明其到期偿债能力很强；
- 货币资金占总资产的20%以上，加上公牛集团还持有理财类的货币资金，说明公牛集团的现金持有量非常高，完全不用担心它的资金支付能力。

案例 4-7

某上市公司的资产负债表分析

表4-5是某上市公司的财务状况分析简表。

表4-5 某上市公司财务状况分析简表

单位：亿元

关键词	指标项目	2023年	2022年	2021年	2020年	2019年
项目	资产总额	37.81	45.45	49.87	72.67	79.33
	其中：货币资金	9.75	4.65	6.55	6.50	6.64
	应收账款	6.55	7.53	5.21	12.90	7.61
	存货	3.98	6.11	6.67	6.81	5.15
	固定资产	1.56	1.52	1.61	4.51	4.96
	负债总额	18.34	30.97	33.13	54.83	55.95
	所有者权益	19.47	14.48	16.74	17.84	23.38
	营业收入	18.02	19.24	21.08	16.90	14.13
效率	总资产周转率（次）	0.48	0.42	0.42	0.23	0.18
	应收账款周转率（次）	2.75	2.56	4.05	1.31	1.86
	存货周转率（次）	4.53	3.15	3.16	2.48	2.74
	固定资产周转率（次）	11.55	12.66	13.09	3.75	2.85

第四章 如何控制财务风险

（续表）

关键词	指标项目	2023年	2022年	2021年	2020年	2019年
风险	资产负债率（%）	48.51	68.14	66.43	75.45	70.53
	货币资金占总资产比例（%）	25.79	10.23	13.13	8.94	8.37
	流动比率（%）					
	速动比率（%）					

分析结论如下：

1. 这家上市公司的运营效率堪忧。

- 存货周转天数约3~4个月，虽然在逐年改善，但是供应链管理仍然不乐观；
- 应收账款周转天数4~5个月，需结合产品竞争能力和行业特点做进一步分析。

2. 财务风险基本可控。

- 资产负债率从70%以上降到50%以下，财务风险处在可控状态；
- 货币资金占总资产比例为25%，公司的资金支付能力还是可以的。

3. 需关注其资产规模的缩减。

- 五年下来，该公司的资产总额从79.33亿元逐步减至37.81亿元，规模减半，值得深究；
- 该公司经营遭遇困境，收入停滞不前，正在缩减规模，期望转型成功。

三 现金流的重要性

如何计算现金流量

案例 4-8

出租车运营项目的关键风险点

老李计划搞出租车运营,拿了自己家里的全部存款 50,000 元,向亲戚有息借款 100,000 元,借款年息 8%。买车准备花 125,000 元,办营运证 500 元,保险费 5,000 元(见图 4-4)。

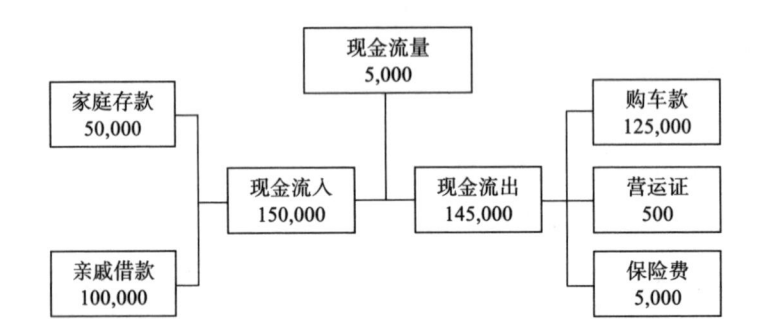

图 4-4 现金流量测算图

请帮老李算一下,150,000 元够不够这个项目的运作?

我的很多学员的第一感觉是够的,但是仔细想想发现有可能是不够的。影响因素就是利息。如果在项目开始阶段就要支付 8,000 元的利息费用,那么这个项目就有了资金缺口。能够注意到利息的支付时间节点对项目运营的影响,其实就是具备了财商思维里的风险意识。学习财务管理和阅读会计报表的目的就是要能识别风险,然后采取措施控制风险。

于是，老李与亲戚商量好，赚到钱后一次性支付利息。那么，这个项目的现金流入合计150,000元，其中存款50,000元、借款100,000元；现金流出合计145,000元，其中买车125,000元、办证500元、保险5,000元；项目资金还剩余5,000元。项目的现金流量5,000元，由现金流入150,000元减去现金流出145,000万元所得。现金流量的计算是比较容易理解的，和我们常说的流水账是一致的：这个月收到的钱是现金流入，支出的钱是现金流出，节余出来的钱叫作正现金流，当支出的钱多于收到的钱有了资金缺口时，就叫作负现金流。

其实会计报表没有我们想象的那么复杂，三张会计报表分别各用一个计算公式就能做出来：

利润表：利润＝收入－支出

资产负债表：资产＝负债＋所有者权益

现金流量表：现金流量＝现金流入－现金流出

三张会计报表看起来科目繁多，令人眼花缭乱，其实就讲了三个关键点：利润、效率和风险：

利润表——利润：如何提升盈利能力？重点指标是销售利润率和销售增长率。

资产负债表——效率和风险：如何运行高效？如何控制风险？

重点指标是资产周转率和资产负债率。

现金流量表——资金风险：如何让现金流保持正数？因为资金风险威胁到企业的生死存亡，所以还需要单列一张会计报表进行重点管控。

现金流量表中的现金是指广义的现金，叫作现金和现金等价物，包括库存现金、银行存款和现金等价物三类（见图4-5）。

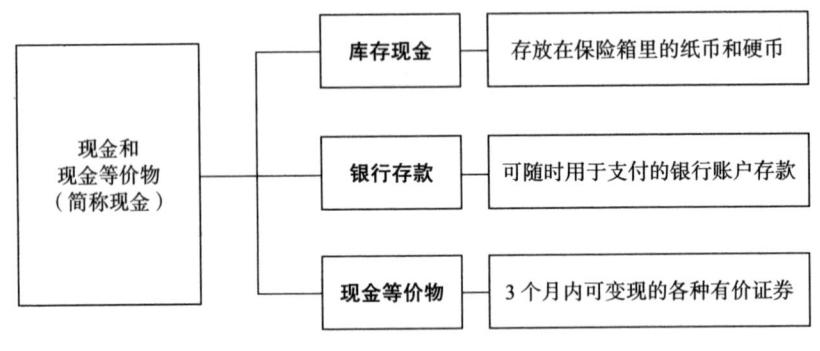

现金和现金等价物（简称现金）
- 库存现金：存放在保险箱里的纸币和硬币
- 银行存款：可随时用于支付的银行账户存款
- 现金等价物：3个月内可变现的各种有价证券

图4-5 现金和现金等价物示意图

库存现金

就是出纳存放在保险箱里的纸币和硬币，不过随着微信、支付宝、数字货币等电子结算方式的出现，库存现金使用的场景和数量越来越少。

银行存款

现金流量表中的银行存款是加了限制的，即"可以随时用于支付"，所以企业账户里的资金能不能体现在现金流量表里就需要财务人员仔细判断。比如，某企业在某银行存了三年期定期存款5,000万元，可以在现金流量表里反映吗？关键要看这5,000万元是否可以随时用于支付；如果企业临时遇到资金周转问题，能否将定期存款取出来？事实上是可以的，只是会损失一些定期利息而已。所以，遵循实质重于形式的原则，这笔定期存款是可以在现金流量表上体现的。我们再设想一个场景：该企业跟供应商之间产生货款纠纷，法院把该企业在某银行账户的 500 万元资金冻结了，这 500 万元的银行存款能不能在现金流量表里体现？应当不可以。因为该企业不能随时支取被冻结的 500 万元资金。

现金等价物

严格意义上的现金等价物是指 3 个月内到期的短期债券。企业应该明确现金及现金等价物的范围，并且一经确定，一年内不得变更。现金等价物是指企业持有的期限短（一般要求 3 个月以内）、流动性强、容易转换为现金、价值变动风险小的投资，如股票、基金、理财产品等。现金等价物虽然不是现金，但其支付能力与现金差不多，可视同现金。由于现金和现金等价物需要根据企业的实际情况和会计政策进行专业判断，所以会计准则要求：企业应当根据经营特点等具体情况，确定现金等价物的范围，在会计报表附注中明确现金等价物的会计政策，并一贯性地保持这种划分标准。

现金流分几类

现金流量表里的现金流分三类：筹资性现金流、投资性现金流和经营性现金流（见图 4-6）。其目的是指导企业搞好经营、做好投资和筹措资金。

01	筹资性现金流	是指导致股东自有资金及债务的规模和构成发生变化的活动 通过各种渠道搞来的钱，无论是借的，还是你自己存的，只要用到这个项目上就都算筹资性现金流入
02	投资性现金流	是指对内投资的固定资产、无形资产，以及对外投资及其处置活动 指企业购设备、买土地使用权、建厂房、收购别人股权的钱。如果把设备、厂房、土地使用权卖出去，把股权转让，取得的投资收益等就是投资性现金流入
03	经营性现金流	是指经营活动，除投资和筹资以外的其他所有的交易和事项 卖产品、卖服务挣的钱，就是经营性现金流入；买材料、发工资、差旅费、招待费、税费等，就是经营性现金流出

图 4-6 现金流分类示意图

一般来说，创办经营企业的第一步是筹集资金。实体企业要形成生产经营能力，这类企业的第二步就是投资建厂（贸易或服务类的企业有可能跳过这一步）。第三步是经营，企业买进材料、加工产品、卖出产品或提供服务，利润便在经营过程中产生。我下面按照创办经营企业的流程介绍三类现金流：

筹资性现金流

在创办企业阶段，股东会投入一定的资金启动企业运作。所以，首先从股东那里筹集资金，或者找亲戚朋友和银行借款。股东投入注册资本 500 万元、向银行借款 1,000 万元，这些都是筹资性现金流入。企业要每年分红给股东 100 万元、支付银行利息 50 万元，这些都是筹资性现金流出；银行收回本金 1,000 万元，也属于筹资性现金流出。

投资性现金流

筹资属于搞钱的范畴，而投资和经营则属于花钱的范畴。

投资有两个方向，对内投资和对外投资。

企业内部购买固定资产和无形资产，就是对内投资。比如买土地使用权、建厂房、买设备的支出，就叫作投资性现金流出。变卖土地使用权、项目、流水线等获得的资金，就叫作投资性现金流入。把投资朋友的公司或者买入上市公司的股票，就是对外投资，这属于投资性现金流出。每年取得的分红收益或者转让投资获得的款项，就是投资性现金流入。

经营性现金流

企业买进材料，经过生产和销售收回货款，这个链条上发生的资金收支，就是经营性现金流。

企业的经营性现金流入，大部分来自销售环节的资金回笼。经营性现金流出大部分出自采购环节，用以支付供应商的货款和人工工资，其他的经营性现金流出项目包括差旅费、招待费、办公费、水电费、宣传费等。

案例 4-9

如何区分出租车运营项目中的筹资、投资、运营

我们帮案例 4-8 中的老李判断一下，出租车运营项目上的支出，哪些是筹资，哪些是投资，哪些是经营（见图 4-7）。

借款

老李的自用资金不够项目的运营，向亲戚借了 100,000 元，这很好判断，属于筹资。

```
                        现金流分类
    ┌──────────┬──────────┼──────────┬──────────┐
   借款       购车款      营运证      保险      股东投入
  100,000    125,000      500       5,000     50,000
   筹资       投资        投资       经营       筹资
```

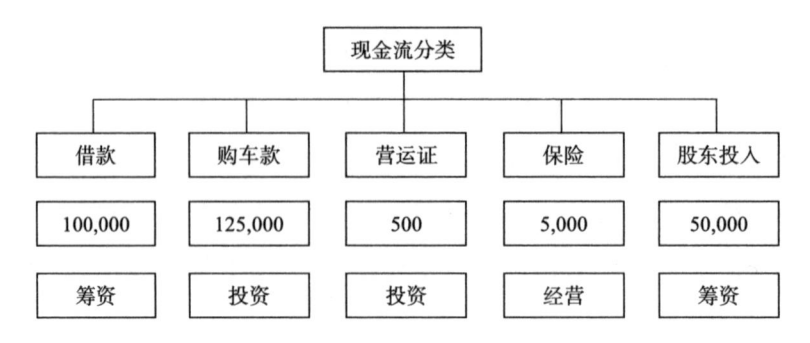

图 4-7 现金流分类练一练

购车款

老李花了 125,000 元买了一辆车，这是花钱的范畴，对内投资企业的固定资产，属于投资。

保险费

出租车运营是一定要投保的，保险费的期限是 1 年，所以这一项属于经营。

我讲课讲了七八年，没有学员提出过质疑，直到 5 年前在北京给铁道部科研所讲课，有一位快 70 岁的老专家提出了他的疑问：使用寿命 1 年以上的支出叫作投资，这个说法和我的常识不吻合。比如，有个朋友是做钢材贸易的，之前我认为他是在搞经营，做钢贸生意。但是，钢材的使用寿命一定在 1 年以上，按这个规定来看，他应该是在搞投资，这好像不对吧？

这位老专家提的问题非常好。这条会计性的规定确实很容易误导人们，但是，会计上所说的使用寿命不是指物理寿命，而是人们准备使用某个事物的时长，或者叫作"持有目的"，你准备使用 1 年以上或者你的持有目的是在 1 年以上的，就是投资，反之就是经营。

做钢贸生意的总是希望快进快出，持有时间越短越好，所以，这是经营不是投资。比如，某汽车生产企业入库一辆新车，肯定希望尽快卖出、快速变现。对于这家汽车生产企业而言，这是经营行为。把一辆车买下来，持有目的要在1年以上，对我而言，这是投资行为，对内投资形成企业的固定资产。

股东投入

这是属于筹集资金的范畴，第一步就是搞股东的钱，老李把自家5,000元的积蓄作为投入资本用于运营，当然属于筹资。

案例 4-10

家庭收支的现金流应用

现在以家庭收支为例，想象一下：经营性现金流入应当是什么？就是你和你的爱人每月的工资奖金、劳务报酬之类的。每月为日常生活花出去的开销，就属于经营性现金流出。

买了房和车，这是对内投资形成的固定资产，属于投资性现金流出。如果你的钱不够买房和车的，父母赞助了你50万元，这笔钱你压根也没准备还，但这也属于筹资的范畴，叫作筹资性现金流入。

若你有100万元的余钱，把它投到朋友的公司，每年分红10万元左右。这100万元的投资就是投资性现金流出；每年分红的10万元左右就是投资性现金流入。对于你朋友公司而言呢？100万元属于筹资的范畴，就是筹资性现金流入；10万元是筹资的代价，也就是筹资性现金流出。

哪种现金流最重要

图 4-8 可以帮我们达到两个目的：一是进一步理解并记住三类现金流的联系和区别，二是搞明白哪种现金流对企业的健康成长最重要。

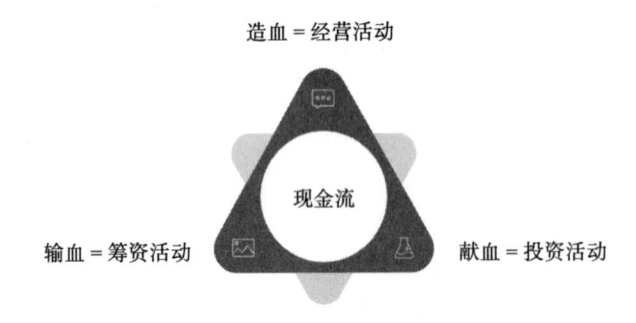

图 4-8　现金流和血液的匹配图

筹资活动就像输血

人体如果失血过多，就需输血，以确保生命安全；企业缺钱如同人体失血，就要想方设法通过外部资源筹集资金。

投资活动就像献血

把血输给病人，可帮需要的病人度过生死大关；把资金投在企业内部可以形成经营能力，投在企业外部可以带来投资性受益。

经营活动就像造血

人体通过造血机制的正常工作保护生命健康，一旦造血功能障碍，就会导致人体出现贫血、出血、免疫系统紊乱等严重后果。企业的现金流就相当于人体中的血液，资金的自我循环机制相当于人体的自我造血机制。现金流一旦出问题，就需要不断地筹措资金确保企业经营活动的正常运行。所以，企业的经营现金流保持为正数是非常重要的。

至于筹资、投资的现金流是正数还是负数，只要能匹配企业的发展，都是可行的。比如，成长期的企业，投资研发或投资扩产能的需求比较大，仅靠企业自我积累的资金发展速度太慢。在这种情况下，投资性现金流一般呈现为负数，而筹资性现金流则呈现为正数。但是，经营性现金流必须保持为正数，才能确保企业维持健康的良性循环。

案例 4-11

如何通过现金流组合助力企业科学决策

经营活动、投资活动和筹资活动有八种组合（见表 4-6），不同的组合，对应不同的风险，应当采取不同的决策。看懂八大组合，就能帮助企业做对经营决策，控制财务风险。

表 4-6　经营、投资、筹资现金流的八种组合

组合	经营活动	投资活动	筹资活动	组合	经营活动	投资活动	筹资活动
1	−	+	+	5	+	+	+
2	−	+	−	6	+	+	−
3	−	−	+	7	+	−	+
4	−	−	−	8	+	−	−

负数代表现金流出大于现金流入，对经营来说就是入不敷出，对投资来说就是在对内花钱扩张或对外项目投资，对筹资来说就是借款本金减少或支付利息所致；正数代表现金流入大于现金流出，对经营而言就是收能抵支，对投资而言就是对内变卖资产或对外收到分红。

-++组合：经营出现资金缺口，靠增加借款和变卖资产解决资金问题，长期如此，经营可能进一步恶化。当然，结果不一定完全这样，需要进一步搜集财务数据和信息帮助企业科学理性地决策。企业一旦形成这种组合，一定要多加小心，多方论证，谨慎应对。

-+-组合：经营入不敷出，员工工资发不出来，供应商货款付不了，本想增加借款维持局面，但是债权人察觉企业经营困难而采取措施及早脱身，或者维持原借款总额不变，因需要支付贷款利息导致企业筹资环节现金流减少，可能需要企业变卖资产、收缩规模、断臂求生。如果客户中有这种组合型的企业，应收账款的回收就会非常麻烦。企业需要据此做出决策：是否应减少客户的信用总额？是否要压缩客户的信用期限？是否停止赊销，改为现金交易？采用什么策略催收已经逾期的应收账款？看懂财务报表，识别各项风险，才能先知先觉，及时应对变化。如果企业自身是这种组合，老板一定要将现金流管理放在首要位置，避免资金链断裂威胁企业的生存。

--+组合：企业借债度日的同时，还在借债投资，说明这个投资项目对企业而言非常重要，项目已经启动，只能硬着头皮往前走。如果你的企业属于这种情形，应当将工作重心从日常的经营管理迅速切换到投资项目上！很可能因为这个项目投资成功，让企业柳暗花明又一村，迎来新的生机；但也有可能因为项目投资失败，让企业陷入更大的生存风险中。民营企业融资难是普遍现象，某些地方会采取互保联保的方式相互救助，共渡难关。如果你的企业与朋友的企业达成了互保联盟，那么，你就要判断朋友的企业是否属于这种组合，应当重点关注、持续地跟进他们的投资项目的前景和进展情况。如果其投资项目符合预期，且成功概率很大，可以继续给予担保、互保的支持；如果判断其投资项目难逃失败，就应当机立断、及时抽身，避免被担保连带偿还贷款。

–––组合：经营不畅的同时还在扩张，而且借款总额还在减少，经营、投资和筹资活动全都入不敷出，明显是在吃资金老本，危险！这样的企业缺乏资金安全意识，完全没有资金弹性。

上述四种组合都有一个共同的特点，其经营现金流为负数。因此，可以得出一个结论：只要企业的经营现金流常常呈现为负数，该企业的资金支付能力一定不乐观，很有可能是造血机制出问题了。如果企业的合作伙伴中有类似的企业，必须随时关注它的偿还或支付能力；如果自己的企业陷入四种情况中的任意一种，老板一定要对资金管理和利润管理同等重视，不要一门心思地为实现利润目标忽略资金安全，使其成为制约企业生存发展的重大问题。

反之，如果企业的经营现金流常常呈现为正数，表示该企业一定不缺钱，企业可以按照之前的战略规划和经营节奏走下去，不必刻意关注资金管理，而要把更多的注意力放在资金优势的转化和落地上。

+++组合：一般来说，这种企业不缺钱，其在经营、投资、筹资活动中，通常能够使资金流入大于资金流出。这类企业应当关心的是：为什么要有这么多资金？因为股东要求分红，债权人要求付息，也就是说企业的资金都是有持有成本的。既然企业的资金不成问题，如果有扩大产能的能力，或有可能找到优质项目，就一定不要错失机会。

++- 组合：经营现金流充足，归还部分借款以减少利息支出。这类企业应当关注的是：投资现金流是如何形成的？不要错失对内扩张、对外投资的市场机会。

+-+ 组合：经营现金流处于健康状态，大部分中小型、成长型企业基本属于这种组合。这类企业正处于发展壮大之中，仅靠自有资金的积累和投入是不够的，需要外部资金的支持，投融资并存。

+-- 组合：这种组合的企业经营现金流很好，不但可以弥补投资的资金需求，还可以归还部分借款以减轻利息压力。

我上文中提出经营现金流为负数的企业很差钱，这是事实。如果是筹集资金能力很强的上市类的大型企业，差钱也不太要紧；如果是缺乏抵押的资产、没有担保的资源、筹集资金能力很差的中小民营企业，差钱就可能危险了。

现金流量表实战运用

现金流量表包括三方面的内容：经营活动产生的现金净流量、投资活动产生的现金净流量和筹资活动产生的现金净流量。

经营活动产生的现金净流量

可以从以下四个维度分析经营活动产生的现金净流量（见图4-9）。

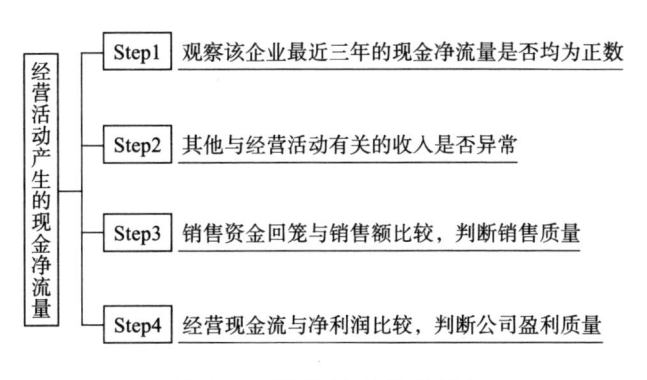

```
              ┌─ Step1  观察该企业最近三年的现金净流量是否均为正数
经营活动        │
产生的   ──────┤─ Step2  其他与经营活动有关的收入是否异常
现金净          │
流量           ├─ Step3  销售资金回笼与销售额比较,判断销售质量
               │
               └─ Step4  经营现金流与净利润比较,判断公司盈利质量
```

图 4-9　经营现金流分析提示

观察经营活动产生的现金流净流量最近三年是否均为正数。如果为正数,表明企业经营健康,支付能力强,资金安全可控;如果为负数,说明企业支付能力堪忧,需要强化现金流的管理,重点防范财务风险。

观察其他活动产生的经营现金流是否异常。这一类现金流不多,甚至很少,如果占比很大,需要关注企业业务实质和资金来源,以及经营现金流的质量。

将销售商品收回的现金与含税销售额比较,判断销售质量如何。如果回笼资金占比很高,说明企业销售质量较高,发出去的商品大部分能够及时回款;如果回笼资金占比很低,说明企业依赖赊销促进销售、抢占市场,应收账款管理问题可能比较突出。

通过经营活动产生的现金净流量与净利润比较,可以判断企业的盈利质量高低。如果现金净流量占比很高,说明利润和现金流的协调性比较好;如果现金净流量占比很低,说明盈利质量有问题,企业有利润却没能及时转化为现金流,需要关注财务风险。

投资活动产生的现金净流量

可以从以下三个维度分析投资活动产生的现金净流量（见图4-10）。

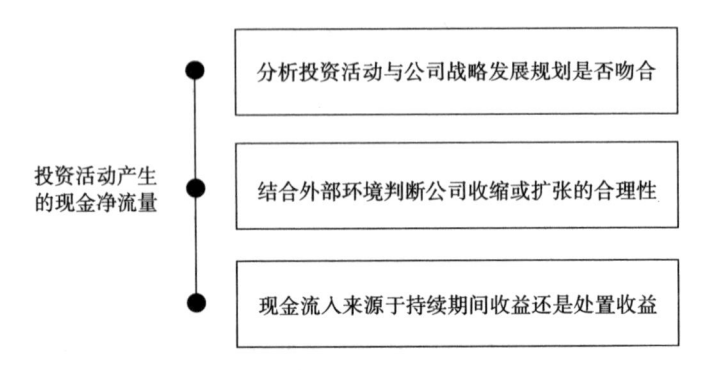

投资活动产生的现金净流量：
- 分析投资活动与公司战略发展规划是否吻合
- 结合外部环境判断公司收缩或扩张的合理性
- 现金流入来源于持续期间收益还是处置收益

图4-10　投资现金流分析提示

要重点关注投资项目的现金流来自持续期间的投资收益，还是处置固定资产的收益。如果是投资收益，说明企业外面有一只会下金蛋的老母鸡，企业可以每年获得被投资项目的分红；如果来自财产处置收益，要进一步判断被投资企业是否遇到经营困境，在变卖资产求生存。

投资活动是企业的重大决策，其投入往往很大，一旦失败，后果严重。所以，企业在投资前就需要判断决策的合理性，并在投资中跟进战略的执行度。

筹资活动产生的现金净流量

可以从三个维度分析筹资活动产生的现金净流量（见图4-11）。

需要判断筹资是投资需求驱动的，还是企业周转困难导致的。如果是企业资金紧张，不得已而为之，那在筹资的同时，更要从根源上解决企业造血机制问题。需要重点提醒的是：筹资的同时，是否又将这些资金转借给其他单位或个人。这是银行和税务部门关注的焦点，如果某笔贷款没有用于企业正常的生产经营活动，容易带来银行抽贷的隐患，引发重大的税务风险。

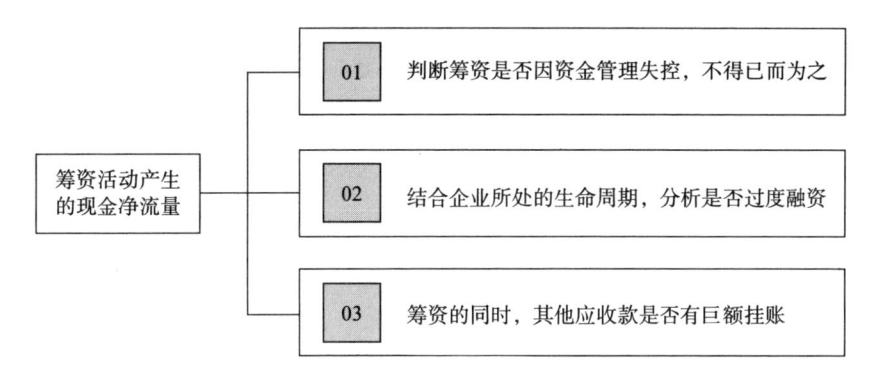

```
筹资活动产生      ┌── 01  判断筹资是否因资金管理失控，不得已而为之
的现金净流量 ─────┼── 02  结合企业所处的生命周期，分析是否过度融资
                  └── 03  筹资的同时，其他应收款是否有巨额挂账
```

图 4-11　筹资现金流分析提示

案例 4-12

公牛集团的现金流组合分析

前文分析了公牛集团的利润表和资产负债表，这里我们再分析一下它的现金流量表的汇总情况（见表 4-7）。

表 4-7　公牛集团现金流量表汇总

单位：亿元

项目名称	2023 年	2022 年	2021 年	2020 年	2019 年
一、经营活动产生的现金净流量	48.27	30.58	30.14	34.37	22.97
二、投资活动产生的现金净流量	−34.34	−17.46	−15.89	−42.50	−17.92
其中：处置资产现金流入	−	−	−	−	−
三、筹资活动产生的现金净流量	−19.87	−19.45	−7.01	19.26	−0.05
其中：吸收投资现金流入	1.11	0.95	0.59	35.67	−
分配股利现金流出	−20.12	−14.79	−12.36	−22.86	−
组合类别	＋−−	＋−−	＋−−	＋−＋	＋−−

总体来看，公牛集团属于八种组合中的"+--"，其经营现金流很好，不但可以支持每年的投资需求，而且可以应对股东的大额分红。五年期间，其累计经营现金净流量166.33亿元，用于投资建设128.11亿元、股利分配70.13亿元。

公牛集团经营现金流很好的关键在于，其应收账款管控得非常好，存货周转效率高。

该企业处于成长过程中，五年期间投入很大，且几乎没有变卖或处置资产。

案例4-13

某上市公司的现金流组合分析

这是某上市公司的现金流量表的汇总数据（见表4-8）。

该上市公司的现金组合波动较大，五年综合来看属于"-+-"组合，其经营现金流常年为负数，现金流均来自投资活动，主要用于归还借款和支付利息。

表4-8 某上市公司现金流量表汇总

单位：亿元

项目名称	2023年	2022年	2021年	2020年	2019年	合计
一、经营活动产生的现金净流量	4.52	-0.13	-0.12	-0.57	-5.49	-1.79
二、投资活动产生的现金净流量	12.6	1.85	3.71	-1.04	0.08	17.2
其中：处置资产现金流入	11.9	1.1	4.18	0	-0.4	16.78
三、筹资活动产生的现金净流量	-12.21	-3.48	-3.42	3.08	6.9	-9.13
组合类别	++-	-+-	-+-	--+	-++	-+-

五年期间处置收益合计 16.78 亿元，表明陷于困境，在通过收缩规模、变卖资产维持生计。

投资活动产生的现金净流量主要用于归还借款，说明公司面临很大的业绩压力，需要通过减少利息支出，避免公司因连续亏损被强制退市的风险。

四　区分利润和现金流

为何经营有利润，账上没有钱

案例 4-14

亏损的企业如何能分红

我在浙大上课，发现很多老板对利润和现金分不太清楚。

有个学员问我，他们公司去年业绩不错，共分红 2,000 多万元。他作为大股东，分红 1,500 万元。没想到才过了一个春节，他就打电话找我了，说他们公司资金链转不动了，让我帮他们做一个现金流管理的咨询项目。我们派人过去调研发现，这家公司去年竟然亏损 1,000 多万元，但为什么他们能分红 2,000 多万元呢？老板说去年年底，公司的账户比年初时多了 2,000 多万元，他们以为这是当年利润形成的。其实这是他们去年第四个季度召开了全国订货会，预收经销商和代理商的货款。现在要支付已到账期采购款，却发现账上没钱了。

还有个集团的老板曾经让我为他们公司做个审计项目。我发现，在该集团旗下有家子公司的业绩不错，上年度实现利润5,000万元。后来该集团总部资金紧张，就要从这家子公司转账5,000万元，没想到该子公司的财务总监当时就急眼了，因为他们账户连500万元都拿不出来。那么，该子公司5,000万元利润去哪里了？

其实，这都是利润和现金流傻傻分不清的典型事例。那么，在什么情况下，利润和经营现金流可以保持高度一致？

案例 4-15

业务流与现金流的关系

有个做蔬菜生意的商贩，每天早上带着500元出发，将这500元全部用于买入蔬菜。然后，他到菜市场把这些菜转卖出，获得现金收入650元。

请问，他每天获得多少利润？得到多少收入？

根据利润的计算公式：利润 = 收入 – 支出，我们可算出，他每天获得收入650元，因为买菜需支出500元，所以他的利润是150元。

根据现金流量的计算公式：现金流量 = 现金流入 – 现金流出，我们可算出他每天的现金流入是650元，现金流出是500元，所以现金流量也是150元。

有没有发现，这里的利润和经营现金流完全一致。为什么？因为在这里，业务流和现金流没有时间性差异，二者是同步的。可是在企业经营活动中，几乎没有企业符合业务流和现金流如此一致的情况。

后来商贩不在菜市场做生意了，开始把蔬菜卖给商超。商超会在收到商贩蔬菜两个月后结算货款给他。账期的概念就诞生，应收账款的管理出现。

商贩十分聪明，善于在实践中学习，他把自己与商超的合作方式应用到采购管理环节中。于是，经过与供应商交流，对方同意在他收到蔬菜三个月后结清货款。他白白赚了一个月的账期。

现在我们来看，假如商贩的利润表上显示：本年度 3 月份有收入、支出和利润，但是现金流量表上是没有回款和付款的。到了 5 月份时，他的现金流量表会很好看，因为超市给了他一大笔回款，但是到了 6 月份时，他的现金流量表又会变得很难看，因为他要支付供应商一大笔货款。此时，利润和现金流就完全割裂开来，因为他的业务流和现金流完全不同步！

为什么经营有利润，账上却没钱？答案就出来了，谜底在于业务流和现金流不同步，而业务流和现金流不同步则是企业经营管理的常态。

如何从根源上解决现金流不足问题

解决现金流不足问题的关键就在于：尽可能地让业务流和现金流保持同步。这里的保持同步不是指单个环节的一手交钱一手交货，而是指企业要在整个供应链管理中保持同步。比如销售端的账期是三个月，采购端的账期最好也是三个月左右，生产端的交付周期则越短越好。这里给大家三个建议：

第一，加强销售环节的应收账款管理，尽量缩短账期。

第二，加强生产环节的库存控制，加快存货周转速度。

第三，加强采购环节的应付账款管理，让采购付款账期和销售回款账期尽量保持同步。

案例 4-16

如何解开资金管理的死循环

在我受托刚进入托管单位的时候，通过该托管单位的账目记录来看，其资金十分紧张，常常也就 5 万元，或者 10 万元的样子，但其应收账款有 5,000 万元左右。

我要求该托管单位的销售部门抓紧回款，负责销售的副总认为，生产部门总是不能按期交付订单，而且总有质量问题，客户非常不满，经常投诉，在这种情况下催收货款实在太难。并且，他们给客户的账期平均为 5 个月，大部分应收账款是在账期内的。

我只能去找生产部门。负责生产的副总认为，采购老是缺料，导致生产经常停工待料。质量还不能保证，有时采购进来的原材料，检验并不合格，但是急于生产，只能让步接收，导致产品质量出现问题。

无奈之下我去找采购部门。负责采购的副总说，他们也是无能为力。拖欠供应商货款 3,000 多万元，加上账期内的欠款已经超过 5,000 万元了，好几家供应商向法院起诉，很多供应商要求打款提货，否则拒不发货。

我最后去财务部门核实情况。财务副总也很无奈：我们也是巧妇难为无米之炊，销售人员收不回货款，我们就无法支付供应商欠款，而且已经拖欠员工工资两个多月了。

我和同事都被该托管单位的这种现状弄得哭笑不得。荡了一个圆圈又回到起点,是不是陷入了资金管理的死循环?这个死结非打开不可。

针对上述问题,我们找到该托管单位的老板,与他一起探讨解决方案。老板认为,是企业规模太小(销售额约1亿元)的缘故,只要将销售额快速提升到2亿元以上,问题就能迎刃而解。

我问老板,10多年以来,企业都没有做到销售额突破1亿元,现在要做到2亿元,具体的策略是什么呢?

老板告诉我,一是薄利多销,打价格战,抢市场份额;二是延长账期,因为我们在技术、品质、交期、服务方面没有优势,只能在账期上让客户动心。

我认为这种做法会把企业带入更严峻的困境。现在它的销售账期已经达到5个月,而采购账期只有1个月左右,业务流和现金流完全不能同步,应收账款和库存的垫支会急剧增加,这样只会进一步加剧资金紧张的局面,而企业自身几乎没有任何融资能力和可能,资金链断裂几乎成为可以预见的事实。

我认为解决该托管单位问题的根源在于让业务流和现金流保持同步:销售端的账期必须降下来,采购端的账期必须拉上去,生产端的交期必须减下来。

经过大半年努力,该托管单位的资金管理大有改观。银行账户资金平均每天达到1,000万元以上,销售账期从原来的5个月降至4个月,采购账期从原来的1个月延长至3个月,生产交期从原来的45天压缩至30天以内。

结果很令人满意，但是过程也是艰辛的。我介绍一下我们是怎么做到的：

此前，托管单位和供应商之间是按自然月进行结算的，即自上月26日开始，至下月25日为止。比如，托管2月26日至3月25日采购物料入库，3月26日至31日要与供应商对账开票，如果是月结30天，托管在5月初就要安排付款。我们考虑到两个客观因素：一是用5天的时间对账开票，时间太短，财务人员来不及复核物料的数量、价格、型号规格等；二是客户付款集中在月底，月初几乎没有回款。我们做了如下调整：恢复自然月为结算周期，托管3月1日至31日采购物料入库，4月1日至15日由财务人员对账开票，月结30天的，6月底安排付款。这样一来，采购的账期拉长了两个月。

但是，几乎所有的供应商都表示坚决不接受。

紧接着，我们做出以下几项补救措施：

- 与接受上述方案的供应商签订承诺函：应付账款到期时，托管单位无条件支付货款。如果违约，立即恢复到原来的账期。
- 与接受上述方案的供应商签订计划书：之前已经到期的应付账款，自计划书签订之日起立即支付总额的30%，3个月内再支付总额的30%，半年内付完剩余的40%。如果我方违约，账期在原来的基础上再减少1个月。

几乎所有的供应商全盘接受了该托管单位新的合作方式。

净利润和现金流哪个更重要

净利润和现金流有四种组合：无利润无现金、有利润有现金、无利润有现金和有利润无现金，最好的组合自然是既有利润又有现金，而最差的组合是无利润无现金。那么，在有利润无现金和无利润有现金之间，你选哪一项？

我在给学员上课时，经常问他们会选哪一项组合，有近一半的学员会不假思索地选择"有利润无现金"。他们做出这种选择其实也是可以预料的，大部分企业在年初制定预算目标和绩效政策的时候，首先考虑的是利润指标，其次是营收目标，很少考虑经营现金流这个目标。这在一定程度上说明了在大多数人的潜意识里，利润比现金流更为重要。

当然，对于现金充足不差钱的企业而言，是可以相对忽略现金流管理的；但是，对于资金本来就很紧张的企业而言，一定是现金流管理比利润控制更加重要。比如，某企业未分配利润 2.5 亿元，当年新增利润 5,000 万元，因拖欠货款被供应商联合起诉，致使该企业一夜之间进入破产清算或破产重整程序，请问这 2.5 亿元的利润还是股东的吗？不是，因为企业破产清算财产，需要拿利润来偿还债权人的债务。意思是，如果把企业看作数字"10"，现金是前面的 1，利润是后面的 0，如果没有了前面的 1，这个数字就变成了 0。

案例 4-17

怎么出现的重大决策错误

有家做女装的企业，2021 年的销售额约 9 亿元，亏损 5,000 万元左右。该企业资金很紧张，于是老板请我为该企业做关于现金流管理的专项咨询项目。

该企业制定的2022年度预算目标只有两个：净利润5,000万元，营业收入12亿元，然后将其分解到四个品牌事业部。制定这两个目标的时候，经营现金流不在他们的考虑范围内。

我问老板，在企业经营中，他最担心什么？老板说他最担心的是资金链的安全问题。他说，他们行业中的很多企业因为资金问题破产了，以致他们的财务只要说资金哪里不对了，他就胆战心惊的，这也是请我们为他的企业做咨询项目的原因。

既然如此，为什么没有将经营现金流作为第一个目标——预算目标？后来我还了解到，他们之所以将净利润目标设定为5,000万元，是因为企业在2021年度亏了5,000万元，这是要将上一年的损失补回来；将营业收入设定为12亿元，是因为他们测算过，要完成利润目标，营业收入就要增加约30%。

不以现金流为导向，而将利润和营业收入作为指挥棒运营企业，是会闯祸的。

我问老板，要实现营业收入增加30%的目标，在战略上要进行怎样的思考？

老板回复，一是提升现有门店的店效，这是存量增长；二是增加新开门店的营业收入，这是增量增长。最初，他们就没有考虑现有门店的增长。但是他们是如何布局新开门店战略的呢？一是自己开店，叫作自营店；二是别人开店，叫作加盟店。但是他们一时之间又很难找到合适的经销商或代理商接盘，就只能自己开店。

只是这些新开的自营店，要装修，要投入物料、陈列等各项费用，这又给已经捉襟见肘的企业现金流带来更大的风险。我又追问老板一个问题，企业以前年度的利润主要来自加盟店还是自营店？他回复没统计过，经验告诉他大概五五开。这种凭经验、凭感觉、凭直觉的判断，通常与实际发生的情况差别很大。当我把统计后的数据展示给他看时，他大吃一惊，该企业产生的利润几乎来自加盟店，大部分直营店是亏损的。其实，其背后的原因很容易理解：

第一，加盟店都是以个体工商户的形式运营的。国家对个体工商户的政策扶持力度是最大的。个体工商户几乎没有税收负担，直营店是一般纳税人，各项税费就占营业额的 10% 左右。

第二，加盟店都是老板为自己干事的心态，而直营店的工作人员多是为别人干事的打工心态，机制不同，效益自然也很难相同。

在我们工作人员的指导下，经过决策上的重大调整，在 2022 年度，该企业最终只确定了一个目标：四个品牌事业部的经营现金流保持为正数，取消利润目标，取消营业收入目标，并设终极目标——确保企业在 2022 年度活下来。

七剑合璧破解财务风险

案例 4-18

现金流管理实战综合案例

一家生产、销售智能节水装置的高科技企业，年销售额 1 亿元左右，属于政府采购项目，主要用于新疆、宁夏等地的田间灌溉。他们将制造环节委外加工作业,需要和输送管道一起打包进行招投标。该企业货款被挪用拖欠比较严重,应收账款余额高达 8,000 万元,导致企业做得越大资金周转就越困难,已经拖欠核心团队工资和绩效奖金累计 500 万元以上。因为该企业没有资产抵押,通过担保公司和老板个人信用,从某银行贷款 300 万元,贷款到期后会被银行抽回 100 万元。

这家企业研发能力很强,产品毛利很高(销售毛利率 50%),费用管控较好,销量快速增长,市场前景广阔。并且,这家企业的大股东就是实际控制人,担任企业的董事长,主管战略和研发,企业还聘请了一位职业经理人担任总经理。

经过了解行业特征和企业情况,通过深入访谈和详细调研,我们找出了这家企业的问题症结,给他们设计了一套组合拳,戏称"七剑合璧"(见图 4-13)。

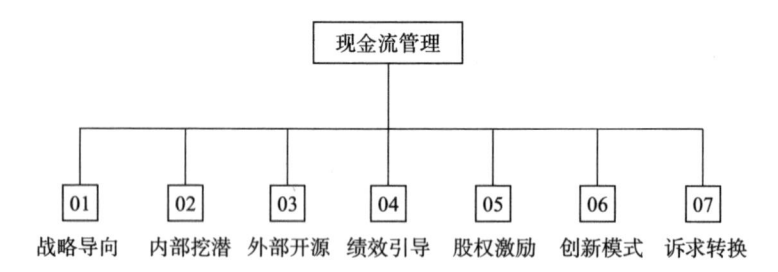

```
                        现金流管理
    ┌──────┬──────┬──────┼──────┬──────┬──────┐
   01     02     03     04     05     06     07
  战略导向 内部挖潜 外部开源 绩效引导 股权激励 创新模式 诉求转换
```

图 4-12 现金流管理"七剑合璧"示意图

战略导向

据了解,这家企业所在的行业都面临着同样的资金周转困难问题,包括一些上市公司在内,只是程度不同而已,这是行业特征决定的。显然,这家企业的董事长缺乏这方面的敏感性,其资金链问题已经威胁到企业的生死存亡了，他还聚焦在产品的研发上，把现金流管理这么重要的工作交给刚参加工作不久的会计人员。因此，必须在战略导向上突出现金流管理的艰巨性、复杂性和长期性。我们建议由董事长亲自抓资金管理，由财务部门配合，明确职责。

在咨询过程中，我们明显感觉到"能力陷阱"在这家企业的危害性。比如，董事长是博士生导师，他擅长并喜欢做的事就是研发产品，结果一天到晚搞研发，而对危及生存的资金管理置之脑后。总经理原是一家上市公司的销售副总，空降过来做总经理，却一天到晚在市场上搞调研、抢客户和抓订单，也对资金管理不闻不问。

内部挖潜

现金流内部挖潜，就是想方设法让业务流和现金流保持同步。这就需要企业在销售环节的应收账款管理、生产环节的库存控制、采购环节的应付账款管理三个方面同时发力。

这家企业的生产制造环节是外包的，可以忽略库存管理。其突出问题在于应收账款管理，所以，必须在梳理、优化业务流程的基础上，强化应收账款的事前、事中和事后管理。在我们工作人员的指导下，这家企业出台《应收账款管理制度》和《应收账款催收办法》，并跟踪执行到位。

外部开源

外部融资也是解决企业资金问题的必由之路。融资有两种方式：一是债权融资，包括银行贷款、内部集资、发行债券、向其他单位或个人借款等，而这家企业比较适合银行贷款的方式；二是股权融资，包括原股东追加投入、新股东溢价购买和定向增资扩股，等等。

他们认为很有必要增加银行贷款，但是因为企业是轻资产运作，没有担保、没有抵押，觉得没有银行愿意贷给他们。其实这还是企业自身的财务策略出了问题。一是让年轻会计去对接银行，是选错了人。应由董事长亲自出马，研发总监全力配合。因为董事长本人自带光环，拥有博士生导师、留德教授、行业领军人才、国家"千人计划"等耀眼的头衔，并且企业的核心竞争力就在于产品和技术上，研发总监可以通过商业计划书充分展现企业的独特优势。二是选错了贷款对象。"门当户对"这个原则放之四海而皆准。作为中小民营企业，他们应当优先选择股份制商业银行申请贷款，尤其是刚成立的城市商业银行，这类银行为站稳脚跟、做大市场，经营机制相对灵活，能接受风险程度相对较高的企业贷款。

对于出让或稀释部分股权进行股权融资，董事长是有所顾虑的。但是，经过调查分析，我们发现在行业内排名靠前的竞争对手无一例外都在对接资本市场，通过借力资本做大、做强企业。因为行业前景很好、毛利很高，但是应收账款压力大、资金压力大，而资本方的优势恰恰是不差钱，差的是赚钱的好项目，二者正好优势互补、一拍即合。

绩效引导

绩效管理是引导业务部门自动自发解决问题的重要法宝，员工若是不想干，有的是借口；员工若想干，有的是方法。所以，必须制定合理有效的绩效政策，引导企业上下同心，想方设法克服困难、解决问题。

股权激励

股权激励在吸引人才、留住人才、用好人才等方面作用突出。但是，大家往往忽略了一点，就是股权激励在解决现金流问题上也能起到一定作用。这是因为很多人只看到股权分红加大了现金流的支出，没看到股权激励对现金流压力的分流效果。

早期的华为有过极大的资金压力，曾以白条的形式拖欠高管的薪酬。眼看着欠款金额像滚雪球般越滚越大，任正非灵机一动，决定对核心团队实施股权激励，大家一起分享增量收益。根据高管做出的贡献大小，给予其相应的股权份额。他们可以把自有资金投入企业，也可以用企业欠的工资抵减后再补缴相应金额。如此这般操作后，不但消化了全部薪酬白条，还新增了不少的股东投资款。

尝到甜头以后，在第二年分红时，任正非又把企业的高管召集来商议：增加股权激励份额，个人所得分红款不够抵减所增股份的，仍然可以追加自有资金补缴。

华为通过连续如此多年的股权激励，既达到了长期激励的效果，也缓解了现金流的压力。当然，股权激励是比较复杂的系统工程，必须考虑周全，并谨慎设计实施激励方案，能够围绕九大要素逐一落实，即：股权激励的目的、激励对象、激励模式、股份来源、股份数量、股权价格、行权时间、行权条件及进入和退出机制等。

创新模式

目前，这家企业采用的销售模式全部是自营，可以实行联营、合营多种销售方式扩大销量。在目标客户所在地选择有人脉资源和资金实力的单位或个人进行合作，可以一起设立公司进行紧密合作，也可以通过协议约定分工进行松散协作。合作伙伴有人脉资源，可以更好地拓展和维护当地市场，促进货款回收；合作伙伴有资金实力，可以弥补客户资金不足的短板，很好地实现双方优势互补，资源共享。

诉求转换

这家企业在资金十分紧张的情况下，应付账款余额竟然为零，说明采购环节出现策略错误，与供应商先压价格再谈账期，应当调整为先谈账期再压价格。

在产品技术方面的核心竞争力是这家客户的优势。企业盈利能力很强，但资金非常紧张。所以，应当进行诉求转换，以净利润换现金流。包括：在采购环节，先谈账期再压价格；在市场环节，应联营、合营等多种合作模式并行；在资本方面，以股权的方式对接资本市场、引入投资人；等等。

第五章

如何预防税务风险

第五章　如何预防税务风险

创办企业，除了必须关注财务风险以外，还要重视税务风险带来的影响。本杰明·富兰克林说："世界上只有两件事不可避免，那就是税收和死亡。"所以，对企业主而言，如何降低税收负担、控制税务风险是一门必修课。

案例 5-1

企业赚的钱会有多少能落袋为安

国家倡导创业创新，很多人加入创业大军成为老板，只是一部分赔了钱，一部分赚了钱；而在赚了钱的那部分企业中，又有多少钱是落袋为安的呢？

一般来说，企业经营中产生的各项税费约占营业额的5%~10%。

假设一家企业年销售额11,300万元，换算为不含税收入10,000万元，增值税税负率按3%计算，那么无论盈亏与否，企业一年要缴纳增值税300万元。很多老板搞不明白，自己的企业明明是亏损的，为什么还要交税。其实，企业经营不一定都会有净利润，但一定会有因进销差价产生的毛利润（收入减成本），只要有毛利（增值额），就需要依法缴纳增值税。

假设这家企业销售利润率（税前）为10%，一年实现利润总额1,000万元，需要按25%的税率缴纳企业所得税250万元，假设企业为老板个人出资成立，老板要想把利润落袋为安，需要按20%的税率缴纳个人所得税150万元。1,000万元的税前利润，老板能拿到的是600万元。

如果把增值税因素考虑进来，那么，整个过程中上缴国家税费700万元（300万元的增值税、250万元的企业所得税、150万元的个人所得税），税费总额达到销售额的6%以上，这还不包括附加费、印花税等。

一 税务风险的来源

企业规模不大，并不意味着税务风险不大，中小企业的税务风险主要来自四个方面（见图5-1）。

图5-1 税务风险来源提示

被举报

只要企业被举报至税务部门且举报线索确凿，税务稽查局就会将企业的凭证、账册、保险柜、电脑主机、内部报表、电商平台销售和回款数据等资料全部带走，检查银行流水、店铺后台数据等稽查取证。

那么，哪些情况下最容易导致企业被举报呢？

客户对企业及其产品或服务不满

有家房产中介公司的租客通过微信、支付宝将房租打到工作人员提供的个人银行卡内，并要求这家中介公司将发票开给他指定的公司。中介公司认为，这会导致合同、资金和发票三者流向不一致，只能将发票开给租客个人。双方协商不成，租客向税务部门举报，税务部门立案对中介公司进行稽查。医美行业也常因服务质量问题引发医患纠纷，加上医美机构通过支付宝、微信或POS机收款到个人银行卡的收费方式也容易成为被举报导对象，其致税务稽查的风险也会很大。

同行恶性竞争

竞争对手对行业内情况比较了解，当企业业绩比较突出时，难免会遭遇某些心术不正的企业试图通过税务举报打压同行，让对方陷入案件当中无暇顾及经营。除了被同行举报以外，有些企业还很容易被职业打假人或职业举报人盯上。

员工泄愤

员工比较清楚企业的经营情况，很容易掌握企业经营过程中的漏洞。所以，企业被员工举报（尤其是离职员工不满意离职补偿金的情况下）是所有举报案件中频率最高的。

案例 5-2

工资账外补差，员工举报的高危领域

杭州有家企业的财务经理一入职就开始推行所谓的"纳税筹划"，他提议：让企业将自己的月薪3万元分为两部分发放，对公账户每月发5,000元，其余的部分发放至他的私人账户。这样操作下来：一是他本人可以少交个人所得税，二是可以为企业节约部分社保费用。老板接受了他的提议。后来，老板把他辞退了，他就整理好每月对公、对私发放工资的记录，包括银行卡的户名、卡号等信息，连同劳动合同等资料递交税务部门进行举报。该企业老板以为，补缴了财务经理的个税和社保，应该就没事了。税务部门提醒他：某笔银行卡里的5,000万元的货款，除按13%的税率补缴增值税，按25%的税率补缴企业所得税，还要缴纳相应金额0.5倍以上的罚款和每天万分之五的滞纳金。老板追悔莫及。

生意扰民

有家将店铺开在住宅小区内的电商，因生意扰民，被邻居举报了。还有更夸张的，有家房产中介公司被举报了，原因是其租住的房屋漏水，渗漏到楼下，楼下的业主与这家房产中介租住的房东交涉多次没有结果，楼下业主一怒之下向税务部门举报了这家房产中介。

股东不和

在我接触的稽查案件中，也有个别因股东不和导致的企业被举报现象。有家企业的小股东负责企业的销售工作，因为连续五年没有得到企业利润分红，和大股东闹掰以后，他在向法院起诉的同时向税务部门进行了举报。税务部门下发检查通知书，直接对该企业立案稽查。

被举报其实防不胜防，所以，打铁还需自身硬，事先做好税务规划和风险控制才是正道。

被预警

2023年8月，金税四期正式上线，"以票控税"将全面转向"以数治税"，实现从经验式执法向科学精确执法的转变。

金税四期在金税三期的基础上进行改良设计，实现对税务系统业务流程的全面监控。

金税四期六大功能

信息共享与核查

金税四期通过搭建企业信息联网核查系统，实现各部委和各银行等参与机构之间的信息共享和核查。

税务监管

金税四期能够监控企业的纳税状态，包括对企业相关人员手机号码、企业登记注册信息的核查，以及对行业毛利率、税负率、费用和收入的比率、进项税、销项税等数据的实时动态监控。

非税业务监管

金税四期不仅限于税务方面,还纳入"非税"业务,实现对企业各项业务更全面的监控,包括工资、社保、水电费、房租费、企业相关人员的信息和信用等。

风险管理和服务

通过智能归集和管理税务数据,金税四期实现税务风险的多维度监测和应对,同时推动税费服务的自动化遵从。

政府部门间的数据共享

金税四期促进金融、海关、市场监管、公安、支付平台等其他涉税方之间的数据共建、共享和协同。

提升监管效率

金税四期的上线使企业更多数据被税务机关掌握,实现从"以票管税"向"以数治税"的分类精准监管转变,提升税收征管效率。

总的来说,金税四期通过其先进的数据管理和人工智能及监控功能,大幅度提升了税务监管的精准度和效率,实现了对企业和个人的税务行为进行更细致、全面的监控。

在金税四期的监控下,中小企业被预警的风险明显加大。一旦企业在发票的开具和取得环节,以及会计报表和纳税申报表上表现出某项指标的异常,通常会被金税系统自动选入案源,从而进入自我说明、纳税评估、专案稽查阶段。比如:一家企业经常有货物对外销售并开具发票的记录,但是一直没有或少有发生相应的采购业务及其发票记录,这属于购销链条断裂,因为增值税特有的闭环管理,这种"有销无进"的异常行为很容易被金税系统自动抓取。

一般情况下,企业被税务机关预警,一是企业产生实质性的偷税行为导致金税四期的监控指标出现异常,二是会计核算水平不高导致账务混乱。

六种可能被预警的情形

增值税税负率与行业水平严重不符

金税四期的预警指标库里设置了许多重要指标的行业平均值,如果某企业的指标严重脱离行业水平,就会被系统自动预警。比如,某行业的增值税税负率平均为3%,某企业的指标值只有0.3%,就会触发税务系统的自动预警。

销售毛利率严重脱离行业平均水平

假设行业正常的销售毛利率为30%,而某企业的销售毛利率不到10%,预警系统会质疑该企业有虚开发票、多转成本或者部分销售未开票的行为。如果某企业每月的销售毛利率上下波动幅度很大,就更容易被税务机关稽查。

库存物资账实差异很大且逻辑异常

我曾经遇到这样的咨询客户:该企业一年销售额约5,000万元,但是其每月存货余额约在1亿元,这不合常理的商业逻辑肯定会被税务机关质疑并稽查。如果此时企业的账上还有大量的增值税留抵税额,税务预警系统必然会提示该企业:一是可能存在账外账,指向部分销售未开票、未入账；二是可能存在采购环节虚开增值税专用发票的违法犯罪行为。

企业账内资金与私人借贷卡之间往来频繁

有些企业的大部分销售业务是在体外循环，但是房租、水电、工资、社保等费用又列支在企业的账上，导致企业资金入不敷出，常常通过向股东借钱的方式补足账上资金。这种标准的账外资金回流账内的操作是违规的，必然会被税务机关稽查。提醒各位股东、法定代表人、实际控制人或利益相关方，私人借贷账户经常与企业账户之间往来频繁，企业被预警的风险是非常大的。

预收账款或其他应付款的余额很大

有些企业在对公账户收到客户的货款或者收到客户的银行承兑汇票时，因为客户不需要发票，企业就未开发票；或者某些企业的会计未能及时确认收入，导致预收账款科目的余额越挂越大。

长期零申报或连续多年亏损

企业长期零报申报或连续多年亏损属于不具备合理的商业目的或者不符合基本的业务逻辑，也会被税务系统预警，并要求企业说明原因，税务机关工作人员检查确认。

案例 5-3

虚开发票，企业会被税务自动抓取

某经营医疗器械类产品的企业，因为销售毛利率高，其应缴的增值税和企业所得税也会很高，加上该行业销售端的提成、佣金较高，有些企业便铤而走险，每年从一些渠道买进增值税专用发票。很显然，这一违规违法行为必然会被税务系统自动抓取，相关人员被移送税务机关稽查，专案处理。

案例 5-4

企业是如何被金税系统抓现行的

2023 年，某省税务局的预警系统提醒一家医美企业的经营情况异常，税务局要求企业先行自查，他们会根据企业的自查结果决定是否将其相关人员移送稽查。税务预警系统通过大数据比对和人工智能分析，自动推送该企业的五条异常信息，明确指向该企业存在账外收款或虚开发票的逃税行为。

- 销售额小于受票额。因为在企业经营活动中有些支出是没有发票的，比如工资和社保等，所以，一般情况下企业的销售额会大于受票额。如果销售额小于受票额，那么企业就有可能违规操作。一旦发生指标异常，税务机关的工作人员肯定会核实情况，查看企业是否存在账外收款或者虚开发票的可能。当然，有些正常经营的企业也有可能出现这种情况，比如，企业扩大产能，大量购进厂房、机器设备等固定资产；期末和期初比较，存货大量增加；等等。这些需要企业如实说明情况，上报税务局核实。
- 无票收入低于收入总额的 30%。一般来说，医美行业的大部分客户是不需要企业开具发票的,电商、线下门店如餐饮、服饰、超市等直接面对个人消费者的企业,无票收入往往占收入总额的比例较高,但是税法要求企业要对这些已经收款确认的无票收入进行纳税申报。如果无票收入低于30%,需要核实未开发票的销售是否已全部确认、企业是否存在账外收入。

- 销售利润率低于30%。医美行业由于获利空间大,所以系统设定的该行业的平均利润率为30%,而一般传统制造业的销售利润率为5%~10%。如果一家企业连续三年亏损,低于系统预警指标值,虽然不能说明它一定存在税务方面的问题,但是需要进一步查实。

- 咨询费用占收入比例偏高。若企业存在较多的广告费、业务宣传费、咨询服务费发票,税务系统会认为企业可能存在虚开发票套现,用于支付工资、佣金等涉税违法行为,需要进一步查实。

- 医美行业职工人均年收入低于10万元,医生年收入不到15万元。这是一条异常线索,不符合常理。所以,税务系统推定:该企业要么存在账外收款,要么存在虚开咨询费发票从账上套现资金,用于支付工资、奖金或提成的违法行为。

案例 5-5

电商企业是因何被税务系统预警的

2022年、2023年有很多电商企业因为增值税留抵退税被税务机关稽查。原因是:这些企业的老板听说同行中的一些企业享受了留抵退税的优惠政策，拿到了退税款。于是，也让自己企业的财务将电商平台收取的平台服务费、宣传推广费之类的增值税专用发票开具出来，就其进项税额申请退税。没想到，很快就被税务系统预警：

- 纳税申报的收入与成本费用不匹配，导致出现大额亏损。
- 几乎没有商品采购的进项税额，留抵税全部来自平台开具的专用发票。
- 预警系统根据平台按销售额按一定比例收取平台服务费计算发现，理论上的销售额与实际收入的差异非常大。比如，天猫收取某企业一年的平台服务费 500 万元，合同约定的服务费是 5%，倒算理论销售额应当为 10,000 万元，而申报的收入只有 1,000 万元。

有些被税务稽查的电商企业，始终不明白自己是哪里出了问题。从预警逻辑来看其实很简单，比如，企业账上列支的房租费用是 200 万元，但是其申报的收入仅 400 万元；企业的账上几乎没有销售没有采购，却有大额平台发票的进项税额申请留抵退税；企业的账上反映企业的职工人数高达 200 多人，但其申报收入才 200 多万元；企业的大部分收入列在账外，费用却列在账上，导致企业连续多年出现大额亏损……

企业除了要重视被税务机关预警的风险以外，还要关注被银行监管的风险。金税四期建立了税务机关与银行之间的信息共享与核查机制，更容易发现并查处企业的偷税漏税行为，极大地促进企业税收合规的遵从度。比如，某些电商行业常用的避税手段是在基本户之外再设立一个或几个一般户，会将货款提现到基本户确认收入，提现到一般隐匿收入，将一般户"公户私用"，这一行为无异于掩耳盗铃，必在金税四期下无处遁形。

设置两套账的企业，一般会通过个人银行卡收取货款、支付费用，致使个人银行卡流水大且交易频繁，或者通过现金方式交易敏感性支出，以逃避银行监管和税务检查。其实，国家早已针对对公账户、个人银行卡、现金等异常交易行为，进行了整体布局和严密监控：

- 从 2016 年开始，大额交易和可疑交易行为已经纳入了银监系统的监控。
- 从 2017 年开始，金融机构、公安机关和税务机关联合发文，严密监控资金账户的进出，目的是人们常说的"三反"行为，即：反洗钱、反逃税、反恐怖融资。国家三部委之间实行信息共享、联合惩戒。

上述规定不仅适用于银行账户，也适用于非银行支付机构。根据中国人民银行发布的银发〔2018〕125 号文件，第三方支付机构也需要提交大额交易报告。也就是说，通过微信、支付宝等平台进行的大额交易同样会受到监管。

从 2020 年 7 月开始，已经在河北省、浙江省、深圳市开展大额现金管理试点，目的是规范现金交易行为，堵住现金交易漏洞。（1. 各地对公账户现金管理金额起点均为 50 万元，对私账户管理金额起点分别是河北省 10 万元、深圳市 20 万元、浙江省 30 万元。客户提取、存入起点金额之上的现金，应在办理业务时进行登记。2.既监测单笔超过起点金额的交易，也监测当日多笔累计超过起点金额的交易。）

为了规避银行监管的风险，企业实践中建议大家不要经常触碰资金账户监管四条红线（见图5-2）。

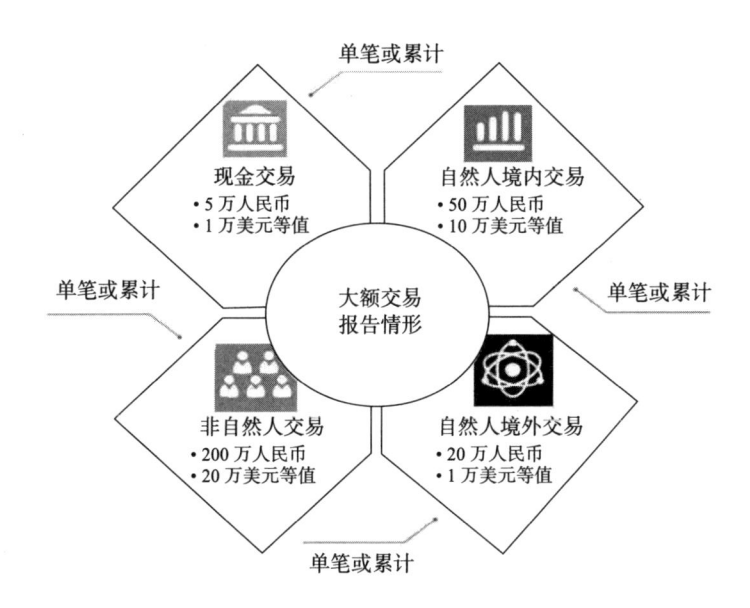

图5-2 资金监管四条红线示意图

《金融机构大额交易和可疑交易报告管理办法》第五条规定，金融机构应当报告下列大额交易：

现金交易（5万元）：当日单笔或者累计交易人民币5万元以上（含5万元）、外币等值1万美元以上（含1万美元）的现金缴存、现金支取、现金结售汇、现钞兑换、现金汇款、现金票据解付及其他形式的现金收支。

对公账户（200万元）：非自然人客户银行账户与其他的银行账户发生当日单笔或者累计交易人民币200万元以上（含200万元）、

外币等值20万美元以上（含20万美元）的款项划转。

私卡账户境内交易（50万元）：自然人客户银行账户与其他的银行账户发生当日单笔或者累计交易人民币50万元以上（含50万元）、外币等值10万美元以上（含10万美元）的境内款项划转。

私卡账户跨境交易（20万元）：自然人客户银行账户与其他的银行账户发生当日单笔或者累计交易人民币20万元以上（含20万元）、外币等值1万美元以上（含1万美元）的跨境款项划转。

被关联

近年来，一些违法犯罪分子开具增值税专用发票后，不履行纳税义务，致使国家税款严重损失，简称走逃（失联）。

税务机关认定走逃方对外开具的发票为虚开后，将向受票方所在的税务机关发送《税收违法案件协查函》《已证实虚开通知单》及相关证据等材料，受票方所在的税务机关会启动稽查程序，调查核实后会将结论向走逃方所在的税务机关进行答复。同时，要求受票方将从走逃方取得的异常发票，按照相应的进项税额转出。这个过程叫作"被关联"。

实践当中，尽管受票企业向税务机关提交了业务真实性等证明材料，但是在大多数情况下，其所在的税务机关仍会以走逃方所在的税务机关已证实虚开发票为由，不予通过。至此，受票企业要做进项转出、补缴税款几乎是板上钉钉的事，剩下的就是与税务机关沟通：受票企业是善意取得，还是恶意接受，直至税务机关作出相应的处理、处罚决定。

案例 5-6

接受虚开发票被关联

某医药企业从广东某公司取得890份增值税专用发票,涉及金额8,717.36万元,税额1,481.95万元,价税合计10,199.31万元。这890份专票经广东省深圳市国家税务局证实为虚开发票,并出具《已证实虚开通知单》。其中有864份专票,系该医药企业让他人为自己开具与实际经营业务情况不符的增值税专用发票,并抵扣税款且结转当年销售成本。

深圳稽查局认定该医药企业上述行为属于偷税违法行为,责令其补缴税款3,607.13万元,并处以少缴税款1倍的罚款3,607.13万元。

随着金税系统的不断升级、优化,税务机关对虚开发票的监控手段极大增强,虚开发票被发现、被查处的概率越来越大。可以这样说,只要买卖发票,卖票方东窗事发和买票方被关联,只是时间早晚而已!

被抽查

相对于被举报、被预警、被关联,中小企业被抽查的风险较小。

税务机关随机检查企业的纳税情况需要遵循"双随机－公开"的规定。意思是,检查对象是随机抽取的,检查人员也是随机安排的,抽查结果及查处结果会向社会公布、接受监督。

纳入税务稽查名录库中的单位包括三类:重点对象、异常对象和非重点稽查对象。

重点对象：一般属于对当地税收贡献较大的重点税源单位，中小企业不在此列。重点对象每年被抽查比例为 20%。

异常对象：会加大力度抽查选入随机抽查对象异常名录的企业，具体抽查比例由各地税务机关自行确定。符合下列情形之一的企业将被纳入异常名录进行抽查：

- 税收风险等级为高风险的；
- 长期纳税申报异常的；
- 纳税信用等级为 D 级的；
- 违法失信被联合惩戒的；
- 受托协查事项中存在税收违法行为的。

非重点稽查对象：是指未达到重点稽查对象标准的随机抽查对象，中小微企业一般属于这一类，每年被抽查比例不超过 3%。

从稽查对象来看，所有企业都在"稽查对象名录库"中，但是根据纳税人规模、风险等级、纳税信用的不同，企业被划分在不同"库"里，不同"库"里的企业被抽到的概率也是不同的。另外，有涉税风险的企业被抽查的力度最大，预警系统一旦发现企业数据异常，就会将其选入异常名录。因此，不要觉得你是小企业就可以放任税务申报逾期、长期零申报，以及税负率、毛利率、库存商品等指标异常，出现这些问题，会被预警系统认定为"非正常户"，并被放入"异常名录库"，有随时被税务机关抽查的风险。

二 税务风险及其后果

企业在税务上违法违规的后果是非常严重的，体现在三个方面：经济后果、信用后果与刑事后果（见图5-3）。首先，需要承担补税、罚款和滞纳金的经济处罚；其次，面临失信联合惩戒的信用危机；最后，性质严重触犯刑法的还要承担相应的刑事责任。

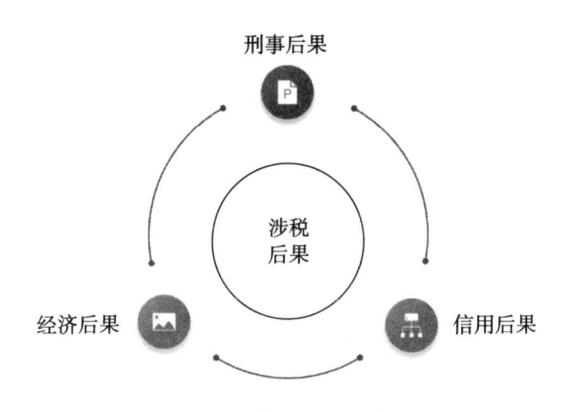

图5-3 涉税后果示意图

经济后果

企业一旦被税务稽查，要补税、被罚款、缴纳滞纳金三管齐下，一个都不能少，情节严重的，尤其是一般纳税人，真的会"一夜回到解放前"。

《中华人民共和国税收征收管理法》（以下简称《税收征管法》）第六十三条规定："纳税人伪造、变造、隐匿、擅自销毁账簿、记账凭证，或者在账簿上多列支出或者不列、少列收入，或者经税务机关通知申报而拒不申报或者进行虚假的纳税申报，不缴或者少缴应纳税款的，是偷税。对纳税人偷税的，由税务机关追缴其不缴或者少缴的税款、滞纳金，并处不缴或者少缴的税款百分之五十以上五倍以下的罚款；构成犯罪的，依法追究刑事责任。"

0.5~5倍的罚款可以不罚吗？如果属于企业非主观恶意行为导致的不缴或少缴税款，比如计算错误、理解有误等，在性质上不属于偷税，补缴税款即可，是可以免除罚款的；如果确定企业为偷税行为，因为条款中指示应"并处"，那么必须要罚款。

在实践中，税务稽查的案件，绝大部分会被定性为偷税，只要界定为偷税，罚款就是必须的。

2022年，江浙沪皖发布《长江三角洲区域登记 账证 征收 检查类税务违法行为行政处罚裁量基准》的公告，加强了对企业偷税违法行为的监管力度："违法行为较轻且配合税务机关检查的，或者在税务机关对其违法行为作出税务处理前主动补缴税款和滞纳金的，处不缴或少缴税款百分之五十以上一倍以下的罚款。"

至于滞纳金，企业是必须缴纳的，因为《税收征管法》第三十二条规定："从滞纳税款之日起，按日加收滞纳税款万分之五的滞纳金。"滞纳金的计算标准相当于滞纳税款的年化利率的18%，而且税款滞纳金的征收没有上限标准，可以超过滞纳税款的本金。

存续年限很长、财税处理不规范、多年延续同样造假手法的企业，一般存在巨大的税务风险。因为《税收征管法》第五十二条规定："因纳税人、扣缴义务人计算错误等失误，未缴或者少缴税款的，税务机关在三年内可以追征税款、滞纳金；有特殊情况的，追征期可以延长到五年。对偷税、抗税、骗税的，税务机关追征其未缴或者少缴的税款、滞纳金或者所骗取的税款，不受前款规定期限的限制。"

案例 5-7

1,000 万元账外收款的经济损失

某经销商被同行举报其销售不开票,存在以私卡收款隐匿收入的偷逃税款现象。税务稽查局对该经销商当年度财务情况进行检查时发现:该经销商有 1,000 万元销售额未申报纳税,且其属于增值税一般纳税人。税务部门要求该经销商补缴税款、滞纳金(下文为方便计算,滞纳金按平均逾期 1 年计算)和罚款(暂按最低的 0.5 倍处罚进行计算)。

请问该经销商需要缴纳多少税费?

隐瞒销售额 1,000 万元(不含税收入约为 885 万元),查补税费约为 588 万元,其税费占账外收入的 2/3!

看到这一结果,有没有吓一跳啊?计算过程如下:

① 换算为不含税销售收入:1000 / 1.13 = 884.96

② 补交增值税:884.96 × 13% = 115.04

③ 补交企业所得税:884.96 × 25% = 221.24

④ 补交其他税费:115.04 ×(7% + 3% + 2%)= 13.80

(这里的其他税费,是指按照增值税和消费税的一定比例征收的城建税及教育费附加。)

⑤ 补交税费合计:115.04+221.24+13.80 = 350.08

⑥ 滞纳金合计:350.08 × 18% = 63.01

⑦ 罚款合计:350.08 × 0.5 = 175.04

⑧ 应补交税费三项合计:350.08 + 63.01 + 175.04 = 588.13

请思考两个问题:

第一，为什么要按账外销售收入的13%全额补缴增值税？

第二，为什么要按账外销售收入的25%全额补缴企业所得税？

第一个问题：我在帮助企业做税务危机公关的时候发现，常常有企业老板或会计通过找供应商多开一些发票的方式逃避问题。殊不知，这种做法完全于事无补！因为税务检查期间一定在企业开票之前，当前开出的发票只能抵扣当期及其后的增值税，是不能往前抵扣的。被查企业只能按未申报收入全额的13%（服务业6%）补缴增值税。有些被查企业账上还有留抵税额，但不是企业当前账上的留抵税额都能抵扣，而是要区分到检查期间的每一个月。就算留抵税额都能用于抵扣往期税款，但是其一经使用，今后就不能退也不能抵了，事实上这还是给企业带来了税费损失！

第二个问题：正常来说，企业所得税的计税依据是应纳税所得额（收入—成本—费用），而不是销售收入。但是从我们的经验来看，很多地方的税务稽查局，尤其是在国地税合并以后，对查处的账外销售收入补缴企业所得税的处理定调为：一律按销售收入的25%（或对应的优惠税率）补缴企业所得税。其假设前提是企业的账外收入对应的成本费用已经在账上列支，因而不得重复入账。因为被查企业很难或者无法从原始凭证和发票上举证对应的成本费用。尽管企业可以按税法规定申请对企业所得税进行核定征收，但是很多地方的税务部门会本着从严管控的原则，不予核定征收，由于被查企业本身存在涉税问题，对税法也是一知半解甚至一窍不通，致使自己多缴冤枉税、糊涂税。

刑事后果

修订之后的《中华人民共和国刑法》（以下简称《刑法》，2024年3月1日施行）第二编第三章第六节"危害税收征管罪"对企业偷逃税款违法行为有非常详细的规定。其中逃税罪最为常见，而虚开增值税专用发票用于骗取出口退税或抵扣税款的犯罪最为严重。

逃税罪

新《刑法》将之前的偷税罪改为逃税罪，在内容上也做了很大的修改，这对企业和老板而言其实是重大利好，它显著降低了老板因偷逃税款面临牢狱之灾的风险。

必须具备偷逃税款的主观恶意

纳税人只有在采取欺骗、隐瞒手段逃避缴纳税款时才会构成逃税罪，纳税人因疏忽大意、理解有误或者计算错误导致的少缴税款则不在此列。欺骗、隐瞒手段具体是指：

- 伪造、变造、转移、隐匿、擅自销毁账簿、记账凭证或者其他涉税资料的；
- 以签订"阴阳合同"等形式隐匿或者以他人名义分解收入、财产的；
- 虚列支出、虚抵进项税额或者虚报专项附加扣除的；
- 提供虚假材料，骗取税收优惠的；
- 编造虚假计税依据的；
- 为不缴、少缴税款而采取的其他欺骗、隐瞒手段。

金额模糊，赋予各地裁决空间

修订前的《刑法》明确指出，纳税人偷税数额达到 1 万元以上（标准偏低）才构成偷税罪；修订后的《刑法》逃税罪只规定了逃避缴纳税款数额较大或者巨大，而具体数额则交由司法机关根据实际情况做出相应的解释和调整。在社会经济活动中，偷逃税的情况比较复杂，同样的偷税数额在不同时期对社会的危害程度也会不同，修订后的《刑法》适时调整犯罪金额的规定，能很好地保持法律的稳定性，也能适应我国经济的高速发展。

初犯从宽，屡犯从严

《最高人民法院、最高人民检察院关于办理危害税收征管刑事案件适用法律若干问题的解释》（法释〔2024〕4 号）规定，纳税人逃避缴纳税款 10 万元以上的属于"数额较大"，应予立案追诉刑事责任；50 万元以上的属于"数额巨大"。新《刑法》第二百零一条"逃税罪"规定："纳税人采取欺骗、隐瞒手段进行虚假纳税申报或者不申报，逃避缴纳税款数额较大并且占应纳税额百分之十以上的，处三年以下有期徒刑或者拘役，并处罚金；数额巨大并且占应纳税额百分之三十以上的，处三年以上七年以下有期徒刑，并处罚金。""经税务机关依法下达追缴通知后，补缴应纳税款，缴纳滞纳金，已受行政处罚的，不予追究刑事责任；但是，五年内因逃避缴纳税款受过刑事处罚或者被税务机关给予二次以上行政处罚的除外。"我们可以从以下两个方面理解：

一是初犯从宽，以罚代刑。对初次犯罪或仅一次行政处罚的，可适用以罚代刑的从宽处理。但是从宽处理需要满足这几个条件：经税务机关依法下达追缴通知后补缴应纳税款、缴纳滞纳金和已受行政处罚的，不予追究刑事责任。

二是屡犯从严。对于屡教不改者，要从严处理。但是，五年内因逃避缴纳税款受过刑事处罚或者被税务机关给予二次以上行政处罚的除外。

虚开增值税专用发票罪（虚开发票罪）

很多民营企业确实有自己的苦衷，比如：增值税税负太高，佣金、回扣、提成等支出无法取得发票，社保负担太重，股东分红，等等。表面看来，解决这些问题见效最快、效果最好的办法是买卖发票，尤其是买卖增值税专用发票。但是，买卖增值税专用发票（在税法上统一定义为虚开，下同）是税收违法行为当中后果最严重的一种，因为这种行为涉及税收犯罪，严重的会被处以无期徒刑。

我们在给民营企业做咨询、打交道的过程中，发现很多老板不知道虚开发票到底是怎么回事，甚至有一些企业正在做着类似违法犯罪的事。也有一些企业经常从中介或个人手中购买发票，或者从供应商处多开发票，当我们严肃指出企业的这些问题时，很多老板竟然不以为然，他们认为很多人是这么干的，存有法不责众的侥幸心理。

好吧，我就给大家科普一下，究竟哪些行为会触碰虚开增值税专用发票这条高压线。根据最高人民法院司法解释，具有下列行为之一的，属于虚开增值税专用发票：

- 没有实际业务，开具增值税专用发票、用于骗取出口退税、抵扣税款的其他发票的；
- 有实际应抵扣业务，但开具超过实际应抵扣业务对应税款的增值税专用发票、用于骗取出口退税、抵扣税款的其他发票的；
- 对依法不能抵扣税款的业务，通过虚构交易主体开具增值税专用发票、用于骗取出口退税、抵扣税款的其他发票的；
- 非法篡改增值税专用发票或者用于骗取出口退税、抵扣税款的其他发票相关电子信息的；
- 违反规定以其他手段虚开的。

注意：为虚增业绩、融资、贷款等不以骗抵税款为目的，没有因抵扣造成税款被骗损失的，不以本罪论处，构成其他犯罪的，依法以其他犯罪追究当事人刑事责任。

从司法解释来看，虚开发票其实是指发票对应的业务是虚假的，造成发票流与业务流不一致。例如：A并没有为B提供货物或服务，经过C的居中介绍，A给B开具了增值税专用发票。在这里：A属于为他人虚开，B属于让他人为自己虚开，C属于介绍他人虚开。比如：A卖给B10万元的产品，却给B开具150万元的发票；A将货物销售给B，却让C开票给B……诸如此类的行为都属于虚开发票行为。

常见的虚开发票主要有三种方式

一是从专门的开票公司虚开发票，这种风险最大，十之八九会东窗事发；

二是从供应商那里多开发票，这种做法相对隐蔽一些；

三是从供应商的供应商那里取得发票，这种虚开会因为商品明细的错配被大数据抓取。

虚开发票被查实的关键在于资金回流。一般来说，取得虚开发票的一方，为了让合同、发票、资金保持形式上的三流一致，会通过对公账户付款，虚开方扣除手续费后会将资金回流到受票方提供的个人银行账户。但是，虚开的发票资金不入账，大额应付账款长期不动的异常现象会被金税四期系统和大数据自动抓取。

虚开发票的后果

为了让大家能够正确地理解虚开发票的性质，现梳理如下：

税务稽查机关首先要确定纳税人的犯罪动机，能有充分的证据举证犯罪嫌疑人的主观恶意逃税目的；其次，需要确认纳税人确实在结果上骗取了国家税款。否则，不构成触犯虚开增值税专用发票罪。

案例 5-8

虚开 1 亿元增值税专用发票构成犯罪吗

A 集团旗下有甲乙丙丁几家子公司。集团为了冲刺百强企业，或者出于融资的目的，授意旗下的甲公司开出 1 亿元的增值税专用票给乙公司，乙公司如数开票给丙公司，丙公司再开给丁公司。那么，该集团及其子公司这一系列的开票行为是否属于虚开增值税专用发票罪？

从犯罪动机来看，该行为既没有偷逃税款的主观恶意，也没有导致国家税款的损失，所以，不构成虚开增值税专用发票罪。

该行为不是犯罪，是否违法？根据国务院下发的《中华人民共和国发票管理办法》（以下简称《发票管理办法》）第二十二条规定，任何单位和个人不得有下列虚开发票行为：

（一）为他人、为自己开具与实际经营业务情况不符的发票；

（二）让他人为自己开具与实际经营业务情况不符的发票；

（三）介绍他人开具与实际经营业务情况不符的发票。

显然，上述开票行为违反了《发票管理办法》的规定。那么，应当如何处罚呢？刑事责任可以免除，但必须承担罚款。《发票管理办法》第三十七条规定："违反本办法第二十二条第二款的规定虚开发票的，由税务机关没收违法所得；虚开金额在1万元以下的，可以并处5万元以下的罚款；虚开金额超过1万元的，并处5万元以上50万元以下的罚款。构成犯罪的，依法追究刑事责任。非法代开发票的，依照前款规定处罚。"

根据法释〔2024〕4号文规定，虚开增值税专用发票，税款税额在10万元以上的，达到移送公安机关的定罪处罚标准，处三年以下有期徒刑或者拘役；虚开税款数额在50万元以上的，认定为"数额较大"，处三年以上十年以下有期徒刑；虚开税额在500万元以上的，认定为"数额巨大"，处十年以上有期徒刑或者无期徒刑。会被追究责任的犯罪人员包括：单位负责人、财务负责人和发票开具人。

案例 5-9

大数据推送的虚开增值税专用发票案

这是一起来自国家税务总局（以下简称税务总局）网站通报的虚开发票案。2021年，安徽省安庆市税务部门通过税收大数据分析研判，张某某控制的5家公司涉嫌虚开增值税专用发票，遂与公安部门密切配合，对其立案检查。

经查，张某某在无实际货物交易的情况下，利用其实际控制的 5 家公司向深圳等地的公司虚开增值税专用发票 1,200 份，价税合计金额 1.31 亿元，并从中非法牟利。

安庆市迎江区人民法院做出判决：被告人张某某以虚开增值税专用发票罪被判处有期徒刑 10 年 8 个月，并处罚金 50 万元。

安庆市税务局有关负责人表示，下一步，税务部门将继续联合相关部门，充分发挥六部门常态长效打击"假企业""假出口""假申报"工作机制作用，严厉打击各类涉税违法犯罪行为，全力营造公平公正税收营商环境。

很多企业看到虚开增值税专用发票不仅风险太大，还面临牢狱之灾，于是又开始动脑筋了：专票不能开，就虚开普票。殊不知，虚开增值税普通发票早已入刑，并且标准更低。

虚开增值税普通发票，是指违反国家《税收征管法》和《发票管理办法》：没有实际业务而为他人、为自己、让他人为自己、介绍他人开具发票的；或者虽有实际业务，但为他人、为自己、让他人为自己、介绍他人开具与实际业务的货物名称、服务名称、货物数量、金额等不符的发票。这表示：

第一，尽管《发票管理办法》对于虚开发票的行为只涉及经济处罚，没有规定刑事处罚，但是它不区分专票还是普票。

第二，《刑法》第二百零五条规定，虚开本法第二百零五条规定以外的其他发票，情节严重的，处二年以下有期徒刑、拘役或者管制，并处罚金；情节特别严重的，处二年以上七年以下有期徒刑，并处罚金。

第三，法释〔2024〕4号文规定，虚开增值税普通发票，涉嫌下列情形之一的，属于情节严重，应予立案追诉：

- 虚开发票票面金额50万元以上；
- 虚开发票100份以上且票面金额30万元以上的；
- 五年内因虚开发票受过刑事处罚或者两次以上行政处罚，又虚开发票，票面金额达到第一、二项规定的标准60%以上的。

请注意，上述立案标准是以虚开金额为依据的，而不是以虚开税额为依据，这进一步加大了虚开普票的刑事风险！

案例5-10

虚开普通发票的法定代表人被移送公安

浙江省税务局重大税收违法失信案件信息公布栏显示，杭州某影视文化有限公司虚开普通发票，法定代表人被移送公安机关。经税务总局杭州市税务局第一稽查局检查发现其在2017年1月至2018年12月期间，非法取得增值税普通发票24份，票面额累计222.79万元。

依照《税收征管法》等相关法律法规的有关规定，对其处以追缴税款5.14万元的行政处理、处以罚款5万元的行政处罚，法定代表人依法移送司法机关。

从国家近几年税收管理的数字化和智能化的效果及朋友圈企业的反馈来看，只要买卖发票，一定会东窗事发，只是时间早晚而已。那么，补缴税款、被罚款、缴滞纳金的风险就会接踵而来，严重的还要承担刑事责任。

信用后果

企业和个人发生税收违法违规行为，除了经济处罚和刑事处罚以外，还需面临信用处罚的后果。

政府管理的思路巨变

2014年国务院下发了《社会信用体系建设规划纲要》（国发〔2024〕21号文），计划用6~8年的时间建设四大诚信体系：政务诚信、商务诚信、社会诚信和司法公信，让守信激励和失信惩戒机制全面发挥作用。这是一个非常重要的标志性文件，意味着我国由政府治理向信用管理的转变。

其中，商务诚信几乎涵盖国家经济领域的所有方面，除了税务以外，还包括生产、流通、金融、价格、工程建设、政府采购、招投标、交通运输、电子商务、统计、会展与广告、中介服务业及企业诚信管理制度建设等。

纳税信用管理的建立

2014年发布的《纳税信用管理办法（试行）》（国家税务总局公告2014年第40号）将纳税信用级别设A、B、C、D四个等级，将根据纳税人的年度评价指标得分情况核定。A级，得分90分以上者；B级，70分以上不满90分者；C级，40分以上不满70分者；D级，不满40分或者直接被判级确定者。对信用等级为A级的纳税人，实行主动公示、VIP绿色通道管理；将B级的纳税人，纳入正常管理；对C级的纳税人实行从严管理；对D级的纳税人，重点监控。

2018年4月该办法又新增M级，适用于以下两种情况的企业：一是新设企业（从首次办理涉税事宜之日起时间不满一个评价年度的企业）；二是评价年度内无生产经营业务收入，且年度评价指标得分70分以上的企业。

常常有企业老板或财务人员问我，上年度企业的纳税信用等级是A级，今年信用等级变成了B级的原因；也有因为当年纳税信用等级变成D级而无法从银行贷到款的企业。这到底是怎么回事？我建议企业的财务人员好好看看《纳税信用评价指标和评价方式（试行）》（国家税务总局公告2014年第48号），一定要知道在税务上的哪些违法违规行为会导致企业的信用被扣分，以便及时调整税务规划，维护企业的纳税信用等级：

- 未按规定期限填列财务报表的，每次扣3分；
- 未按规定期限纳税申报的，每次扣5分；
- 一般纳税人未按期抄报税的，每次扣5分；
- 未按规定期限缴纳税款的，每次扣5分；
- 开设银行账户未向税务部门提供的，每次扣11分。

总体来看，影响纳税信用分数的一共有五个方面，包括税务登记情况、纳税申报情况、账簿和凭证管理情况、税款缴纳情况及违反税收法律和行政法规行为处理情况。

纳税信用管理的应用

2016年发布的《关于对失信被执行人实施联合惩戒的合作备忘录》(发改财金〔2016〕141号),规定了对失信被执行人进行信息共享与联合惩戒的方法措施,其中杀伤力强的条款有:严控贷款;主动向社会进行公示;限制乘坐飞机、高铁;限制旅游、度假;限制买房;限制出境;等等。

2021年底,国家税务总局令第54号公布《重大税收违法失信主体信息公布管理办法》,确定下列纳税人构成失信主体:

- 偷逃税款数额在100万元以上的;
- 骗取国家出口退税款的;
- 虚开增值税专用发票的;
- 虚开增值税普通发票100份以上或者金额40万元以上的;
- 税务结案前确认走逃(失联)的。

针对失信主体,税务机关应当向社会进行公示,并上传至"信用中国"平台、国家企业信用信息公示系统进行公开:

- 失信主体基本情况;
- 失信主体的主要税收违法事实;
- 税务处理、税务行政处罚决定及法律依据;
- 确定失信主体的税务机关;
- 法律、行政法规规定应当公布的其他信息。

我发现，有些因税务稽查被行政处罚的信息上传到各大征信系统公示的企业，难以维持正常经营。某参与招标项目的企业，自从被信用公示后，甲方大都取消了其投标资格。有家主要为国外某大客户代加工的服装企业，被信用公示后产品未通过验收，自此一蹶不振。

三　税务风险的防范

中小企业偷逃税款最常见的手段就是账外收款和买卖发票，这两种方法风险极大，后果也很严重。企业必须在合法合规的基础上、风险可控的前提下，通过符合税收政策的税务规划，调整业务实质，达到降低税负的目的。

正本清源，找对税务筹划的根源

税务筹划，筹划的不是财务和税务，而是业务！业务环节产生税收，财务仅仅负责核算和缴纳税收。比如，将产品销售给客户，增值税、城建税及教育费附加的纳税义务就产生了；企业给员工发工资，缴纳社保、扣缴个税的法律责任就出现了。

案例 5-11

到底应以谁的名义买房或买车

有一次咨询项目结束，客户送我下电梯时告诉我，他准备买一辆车。我问他，会以谁的名义买车？

他回复我，会以个人名义买。他认为，自己在这个方面还是搞得明白的。因为他之前曾经听过"法律风险防范"的课。他了解到，他的公司是有限责任公司，如果以公司名义买车，一旦破产清算，车辆就会计入破产清算财产抵偿债务；如果以个人名义买车，他作为有限责任公司的股东，只需以其认缴的出资额为限对外承担责任，车还是自己的车。这叫作风险隔离，即在个人（包括家庭）与公司之间筑就一道风险隔离墙。

听上去似乎挺专业，很像那么回事。但是，这位客户的公司成长性很好，现金流也非常好，账上没有银行借款，也从不拖欠供应商货款，破产清算太遥远了。依现在的经营状况来看，近几年中根本不用考虑企业债务清偿风险的问题。如果他以个人名义出资200万元买车，税务机关会感谢他的公司在税收上多做出的100万元贡献，其要缴纳的税收款约为购车款的50%。

为何有如此一说呢？因为公司无法抵扣与买车相关的增值税进项税额，它就要因此多交增值税、城建税及教育费附加约合30万元。

另外，公司不能税前列支购车款及其相关费用，在车辆存续期间，公司要多交约50万元的企业所得税；还不能税前列支与车辆相关的保险费、保养费、修理费，在车辆存续期间还会因此多交出20多万元的企业所得税。

老板恍然大悟！

无独有偶，2022年我曾帮杭州的一家电商企业做纳税筹划与风险控制项目，发现其账上有一辆价值1,000多万元的劳斯莱斯。我问老板怎么回事，老板回复，他曾经在抖音上看过某某老师的视频，说是应当以公司的名义买房、买车。由于这家企业的销售客户多为个人，不需要他们开具发票，其采购端大部分供应商也未向其提供增值税专票，他们的账上列支的年销售额不到1,000万元，却突然有了一辆价值1,000多万元的豪车支出，税务部门没找上门核查原因已是万幸！

现在明白了吗？到底应该以谁的名义买车？如果财税比较规范，需要进项税额抵扣企业所得税，那么，显而易见必须以公司名义购买。

上面举例说的是买车，那么买房呢？那就更为复杂了。因为房屋和车辆的性质不一样，它存在大幅度溢价的可能性，其转让环节的税费相当高，到底以谁的名义购买？购买人需要综合考虑：持有目的、持有时间、税收红利、转让税负，以及与经营的相关性，等等。如果是以公司名义买的个人住宅或别墅，非但不能抵减增值税、企业所得税，还要视同分红补缴个人所得税！

大家明白了吧，所谓的税务筹划绝对不是照搬、照抄、照套，要根据企业的实际情况量身定制。建议各位老板，一定要有自己的专业财税顾问，以保障企业用好、用足国家的各项税收优惠政策降低税负，并将税务风险控制在可以承受的范围内。

案例 5-12

化妆品加价销售的决策害死企业

十年前，有一家生产销售化妆品的企业，是我们的客户。该企业为了鼓励业务员把化妆品卖个好价钱出台激励政策：将售价高出企业产品定价部分的 50% 奖励给业务员。姑且不论该决策对市场份额的负面影响，仅从税收这一角度出发就可得出，这个决策有多离谱。我们假设该企业某化妆品原来的定价为 100 元，业务员以 200 元的价格卖出，按政策规定应当奖励业务员 50 元。我们算一下，该企业应交多少税：

- 增值税约 15 元。因为高卖的 100 元没有相应的进项税额抵扣，需全额按照当时的税率 17% 缴纳增值税（100/1.17×17%）。
- 企业所得税约 21 元。因为高卖的 100 元的产品成本还是原来的成本，所以，其高卖出的部分要按 25% 的税率缴纳企业所得税（100/1.17×25%）。
- 消费税约 26 元。当时化妆品行业是要交消费税的，其税率为 30%（100/1.17×30%）。
- 城建税和教育费附加约 5 元。城建税和教育费附加的计税是依据增值税和消费税的情况而定的，因此该企业还需多交相应的城建税和教育费附加〔(15+26)×12%〕。

上述四项税费约合 67 元。

某产品高卖了 100 元的直接损失：

50 元（奖励业务员的）+ 67 元（四项税费）– 100 元（高卖部分）= 17 元

　　该决策导致每多卖出一件货品该企业净损失约 17 元。如果该企业全年卖出 10 万件，损失约 170 万元；如果全年卖出 100 万件，损失加大到 1,700 万元。这意味着，产品价格卖得越高，企业损失就会越大。

税务筹划的根源在于决策，但是几乎没有老板在决策环节会考虑税收问题。可以这样认为：税务筹划的关键在于业务设计，税务筹划等于筹划业务。但是问题就在于：几乎没有财务人员精通业务，几乎没有业务人员懂得税务。

税务筹划的实质是：企业结合税收法规，尤其是优惠政策，对业务活动进行分析、梳理，并调整、分拆、组合业务活动，从而设计出经济又合法的业务流程。其前提是：业务活动的制定者必须精通税法，还要非常熟悉各项业务的运作，并具有能够在业务和税务之间寻求平衡、在效益和风险之间能够兼顾的创新思维（见图 5-4），我们把这三项技能叫作"税务筹划铁三角"。

建议企业负责人和财务负责人在决策之前、业务发生之前或者合同签订之前就要思考，业务这样执行之后：

图 5-4 税务筹划铁三角

- 会产生哪些税收？
- 税收负担有多大？
- 有没有其他更好的变通方法或替代方案？
- 有没有税收风险？如何预防？

八仙过海，税务筹划的顶层架构

企业应当根据自身特点、战略规划、业务流程、管理需求及投融资关系等，结合行业特征，梳理和优化股权架构、组织架构的顶层设计，为税务整体筹划和资本市场股权管理及管理团队股权激励等方面做好准备。

纳税筹划最重要的方法就是用好用足各项财政税收优惠政策。企业应当全面了解国家、行业和区域及特定的各项扶持政策，结合税法要求设计并优化业务流程，在风险可控的基础上，最大限度地减轻税负。

除了优惠政策的运用以外，税务筹划顶层架构设计的其他方法包括：股权架构设计、活用组织形态、组合纳税身份、用好核定征收、设计关联交易、寻求财政返还、争取项目补贴等（见图 5-5）。

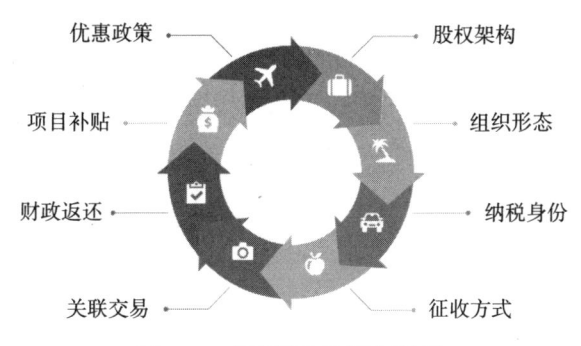

图 5-5 纳税筹划顶层设计图

用好减税降费政策

税收优惠政策是指国家通过税收减免的方式对一些企业和个人给予鼓励和照顾的一种特殊规定，统称为减税降费政策。国家通过减税降费政策，减轻经营主体负担，促进就业保民生，赋能经济高质量发展，扶持和促进某些特殊地区、产业、企业和产品的发展，促进产业结构的调整和社会经济的协调发展。比如：对农业、医疗卫生等行业免征增值税；对季度销售额30万元以下个体工商户等小规模纳税人免征增值税，对销售额超过30万元的个体工商户等小规模纳税人减按1%征收增值税；对小型微利企业减按5%的税率征收企业所得税；为突出科技创新，允许企业加倍列支研发投入的资金的成本费用，助力科研攻关和先进制造业发展；对某些行业、某些区域的企业实行"两免三减半"的企业所得税减免政策；通过不断加大个人所得税专项附加扣除金额，减轻中低收入人群的家庭抚养赡养负担、促进教育公平、提升居民消费；等等。

了解能为自己企业所用的减税降费政策

减税降费政策非常多（见图5-6），包括各大税种、各行各业、特定区域、特定阶段、特定目的等，但是具体到一家企业，能享受的政策一般不会超过20条。税务筹划的第一步就是必须知道有哪些减税降费政策能为自己所用，建议老板让企业的财务人员或者请财税顾问对自己的企业能够享受的优惠政策做一次全面梳理，并整理成清单。

第五章 如何预防税务风险

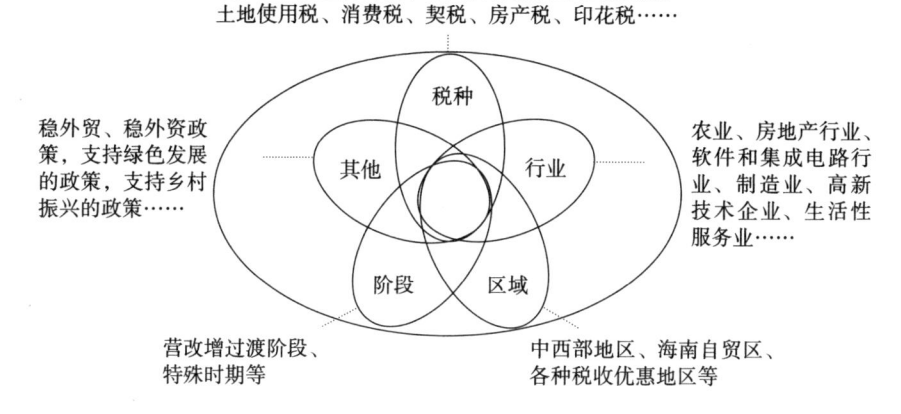

税种：增值税、企业所得税、个人所得税、土地增值税、土地使用税、消费税、契税、房产税、印花税……

其他：稳外贸、稳外资政策，支持绿色发展的政策，支持乡村振兴的政策……

行业：农业、房地产行业、软件和集成电路行业、制造业、高新技术企业、生活性服务业……

阶段：营改增过渡阶段、特殊时期等

区域：中西部地区、海南自贸区、各种税收优惠地区等

图 5-6　税收优惠政策分布示意图

案例 5-13

如何解决酒店的无票采购难题

酒店或饭店经常从附近的农贸市场采购食材，因为方便、新鲜、价格便宜。但是，从财税角度来看，摊位上的商贩无法提供发票，导致企业没有抵扣增值税的进项税额，没有应抵减的成本费用的企业所得税的发票，加重了企业的这两项税额负担。除非农贸市场的食材价格比超市一类的采购渠道的食材价格便宜三分之一以上才是划算的。

去农贸市场采购食材是整个行业共同面临的难题。国家出台税收法规的时候，更多是从全局出发，可能考虑不到这些特殊性。后来，行业和企业的呼声比较高，信息反馈上来了，国家在充分调研后就可能单独发文解决此类问题，税收优惠政策由此而来。财政部与国家税务总局通过财税〔2017〕37号联合发文，纳税人购进农产品，按下列规定抵扣进项税额：从按照简易计税方法依照3%征收率计算缴纳

增值税的小规模纳税人取得增值税专用发票的，以增值税专用发票上注明的金额和11%（自2019年4月1日起，调整为9%）的扣除率计算进项税额。

这项规定大幅度地减轻了酒店或饭店增值税负担，因为它们交3个点的增值税可以抵扣9个点，而由无票支出导致的增值税和企业所得税的问题也顺利解决，企业如果不知道这种优惠政策，税务筹划也就无从谈起。

着手调整业务

原来酒店直接从菜场进货，难以取得增值税专用发票，不符合财税〔2017〕37号文的规定，需要将业务调整为间接从能提供专票的小规模纳税人购进食材（见图5-7）。酒店可以将这类业务外包给个人（注意不能是酒店的员工），让其成立一家个体工商户，便于个税申请核定征收。因为个体工商户没有企业所得税，个人所得税又是税务核定的，所以个体工商户从菜场采购食材，无须取得发票作为成本费用入账。个体工商户开具3%的专票给酒店，酒店向个体工商户支付货款，就此圆满解决了酒店的无进项抵扣增值税和企业所得税的难题。

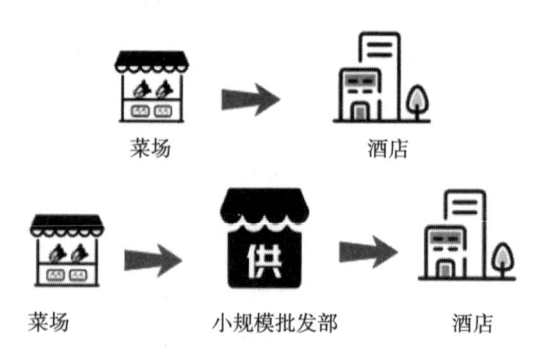

图5-7 酒店业务模式调整示意图

税务筹划，其实就是在把握税收政策的基础上，对业务做出符合税法的要求的相应的调整。大家应当也能清楚地知道，及时掌握并准备理解能为我所用的税收优惠政策有多么的重要。

案例 5-14

房产中介如何进行税务筹划

有家房产中介公司连续被税务检查，老板请我们做他的税务顾问。

2020 年 2 月，财政部和税务总局发布 2020 年第 13 号公告：自 2020 年 3 月 1 日至 5 月 31 日（后来延迟至 12 月 31 日），除湖北省外，其他省、自治区、直辖市的增值税小规模纳税人，适用 3% 征收率的应税销售收入，减按 1% 征收率征收增值税。这家客户属于增值税小规模纳税人，应从当年 3 月份开始减按 1% 申报增值税。

2020 年底，税务机关以这家公司适用优惠政策错误为由，要求限期补缴增值税。其实这家客户的老板和财务人员都疏忽了一个重要细节：第 13 号公告规定对小规模纳税人减按 1% 征收增值税，这个政策只适用于原征收率为 3% 的小规模纳税人。而房产中介的征收率为 5%，不能套用该优惠政策。国家税务总局公告 2016 年第 16 号文明确规定：单位和个体工商户出租不动产（不含个体工商户出租住房），按照 5% 的征收率计算缴纳增值税。

2020 年国家出台的政策，没有将小规模房产中介这个增值税税负率更高（5%）的行业考虑在内。2021 年 7 月，才把这个行业补上。针对房产租赁中介行业，财政部、税务总局、住房和城乡建设部联合发布 2021 年第 24 号公告：为进一步支持住房租赁市场发展，住房租赁企业中的增值税小规模纳税人向个人出租住房，按照5%的征收率减按1.5%计算缴纳增值税，自2021年10月1日起执行。

没想到2023年初这家客户又被税务部门要求补税，理由是不符合2021年第24号公告的增值税减免规定。原来，客户的老板和财务人员疏忽了该公告另一段话：本公告所称住房租赁企业，是指按规定向住房和城乡建设部门进行开业报告或者备案的从事住房租赁经营业务的企业。这家房产中介公司在税务检查之前并未向房管部门履行报告或备案手续！

所以，企业必须精通税法，准确理解政策的条款及其对企业的要求，然后调整和设计企业的业务流程，符合减税降费政策的条件。

案例 5-15

股权设计必须考虑税务需求

经常有人问我：网上短视频中说每家企业都要有一个家族公司，也叫作钱包公司，然后企业的钱转入家族公司就可以随便花、随便拿，这样就能合理避税，这是真的吗？竟然有很多人对此深信不疑，真是害人不浅！

股权设计涵盖的范围和包括的内容非常广，比如企业的战略、投资、融资、财务、税务、法务及激励与控制等，其中单一项"战略规划"，就必须综合考虑八大因素（见图5-8）：

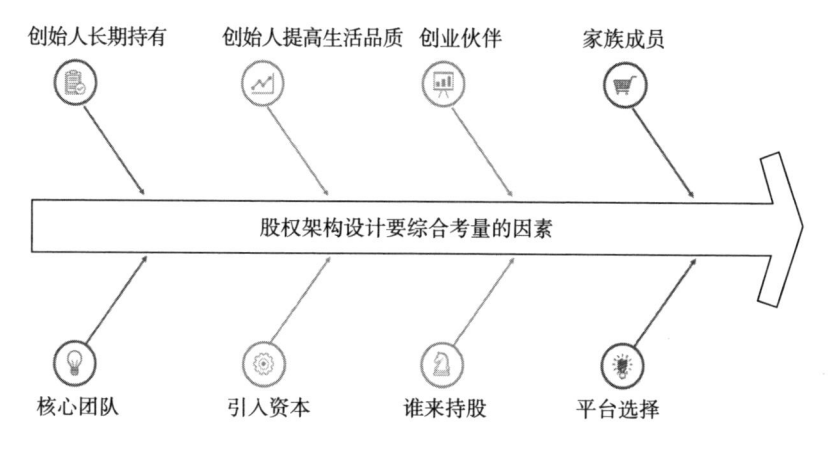

图 5-8 股权设计的战略思考方向

创始人长期持有

如果创始人准备长期持有股权,以法人股东(投资)的形式间接持股是比较有利的;如果创始人准备择机转让股权,那么以自然人的形式直接持股税收最低。

创始人提高生活品质

如果创始人需要每年拿一部分分红补贴家用或落袋为安,就要考虑以自然人的身份持有一定比例的股权。

创业伙伴

要不要考虑对创业伙伴的股权激励?创业伙伴与创始人一起打拼江山,考虑以自然人身份直接持股目标比较妥当,这是对他们一起创业的最大回报。

家族成员

不建议创始人家族成员直接持股,最好以有限合伙企业的形式直接持股，既能保障家族成员的利益，又能保证创始人的控制权。

核心团队

对企业的核心团队进行股权激励，有限合伙企业便是最合适的员工持股平台，能够更好地达到分钱不分权的目的。

引入资本

今后是否考虑对接资本市场，引入战略或财务投资人？准备在哪个层级持股？是否需要充分考虑他们的股权退出需求？

谁来持股

各个投资者以什么身份持股？直接持股还是间接持股？股权不断稀释的过程中如何保障创始人能够牢牢掌控公司的控制权？

平台选择

有限合伙企业是比较流行的持股平台，平台准备注册在哪里？如何保障今后股东分红、股权转让或退出时的利益最大化？

股权设计应建立在对公司的战略规划和管理需求的充分沟通和深刻理解的基础上，其中谁来持有股份，以及将平台放在哪里，属于保障股权设计方案能够落地的两个关键点，一定要系统思考、谨慎操作。

案例 5-16

看懂公牛集团股权架构下的秘密

公牛集团创立之初的股权架构和大多数企业一样非常简单（见图

5-9），企业的创始人是兄弟俩，两人以自然人的方式各自持股50%，共同为实际控制人。

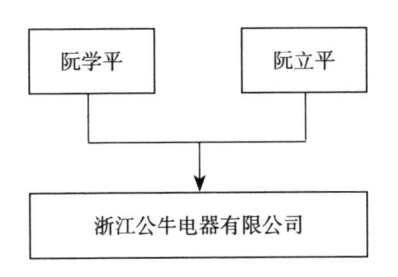

图 5-9　公牛集团成立之初的股权架构设计图

公牛集团拟上市前对股权架构进行了系统布局和重新设计（见图5-10），既考虑了创始人对股权的战略规划和持有目的与控制权，又考虑了内部的家族成员、管理团队和外部投资人的利益诉求。

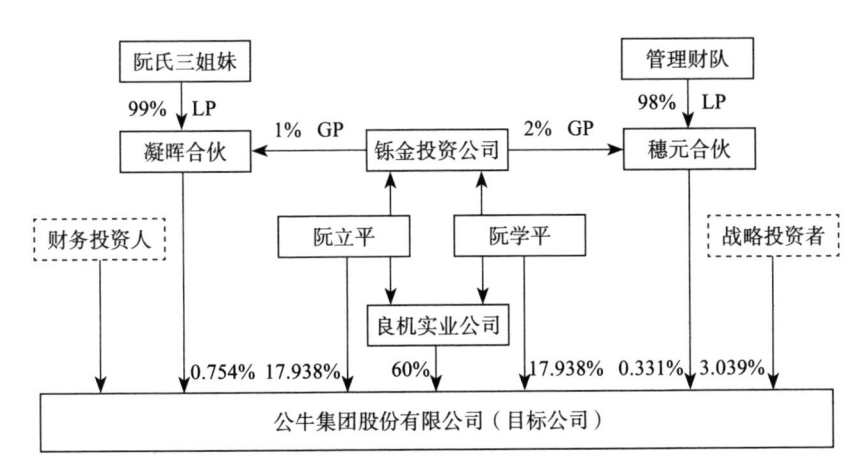

图 5-10　公牛集团上市之后的股权架构设计图

为什么创始人将大部分股权通过良机实业间接持有

企业传承。搭建什么样的股权架构取决于创始人的持股目的。阮氏兄弟作为公牛集团的创始人，创建公牛的目的不是为了卖掉之后短期套现，而是为了将企业代代相传、长期持有，因此通过搭建"良机实业"这一持股平台间接持有公牛集团的股权达到这一目的。

分红免税。公牛集团对良机实业的分红属于居民企业之间的收益分配，按税法规定免征企业所得税。而且不涉及向自然人股东的分配，也就没有个人所得税。阮氏兄弟可以将来自公牛集团的大部分收益，通过良机实业作为"资金池"进行对外再投资，方便资本运作。

为什么创始人要分别直接持有公牛集团高达18%的股份

落袋为安。阮氏兄弟以自然人的身份分别持有公牛集团约18%的股份，是其将公牛集团的部分分红用于个人消费，这需企业按20%的税率缴纳个人所得税。

股份减持。如果阮氏兄弟只想落袋为安，两兄弟分别持有公牛集团1.8%的股权也就够了，但是他们更重要的目的是方便未来减持套现。如果阮氏兄弟合计持有公牛集团的股权超过95%，那么就会造成股份过于集中，不利于企业借助外力发展壮大企业。今后，企业一定会通过减持股份吸收外来资本。会优先考虑从两兄弟持有的股权中转让，这样操作只涉及20%的个人所得税。如果从良机实业减持股份，企业要先交25%的企业所得税，再交20%的个人所得税，其转让环节的综合税负高达40%。

为什么将合伙企业作为管理团队和家族成员的持股平台

公牛集团设立了两家有限合伙企业，分别作为家族成员和管理团队的持股平台。这两家合伙企业的股权可以最大限度地让渡给其他合伙人（有限合伙人，简称LP），最大限度地对其他合伙人进行股权分红。同时，控制权完全由阮氏兄弟持有（通过铄金投资作为普通合伙人，简称GP），达到分钱不分权的股权控制目的。

为什么让铄金投资成为两家持股平台的普通合伙人

合伙企业最大的弊端在于普通合伙人需要承担无限连带责任，如果阮氏兄弟直接作为合伙企业的GP，需要对合伙企业承担无限连带责任。如果先设立铄金投资，让其作为两家合伙企业的GP，相当于为自己的企业设置了一道风险隔离墙。一旦出现任何债务问题，都将由作为GP的铄金投资在其出资范围内承担有限责任。

需要注意的是：两家合伙企业的GP由铄金投资担任，两家企业无法享受股息分红的免税待遇。不过由于GP所占的股份份额很少，它的主要目的是控制权和风险隔离，其在税负上的影响非常有限，可以忽略不计。

股份比例相同，如何解决表决时的分歧

为了使公牛集团顺利上市，防止出现"兄弟阋于墙"的局面影响企业运营，阮立平和阮学平两兄弟于2017年年底签订了《一致行动人协议》，主要约定如下（甲方为阮立平，乙方为阮学平）：

① 双方在处理根据《公司法》等有关法律法规和章程需要由股东大会、董事会做出决议的事项时均应采取一致行动。

② 双方就有关重大事项向股东大会、董事会行使提案权和在相关股东大会、董事会做出决议的事项时应采取一致行动。

③ 双方同意，在本协议有效期内，除关联方需要回避的情形外，

任何一方拟就有关的重大事项向股东大会、董事会提出议案之前，或在行使股东大会或董事会等事项的表决权之前，均事先与其他方对相关议案或表决事项进行沟通及协调，自行促成双方达成一致意见并保持投票一致。

④ 如果双方就上述一致行动事项存在分歧，则必须事前积极协商，达成一致，保证双方在投票表决、实际做出决定及对外公开时保持完全一致；如出现双方意见不一致的情形时，则以时任董事长的意见为准；如届时双方皆不担任董事长，则以阮立平的意见为准。

⑤ 甲、乙双方除应就直接持股部分在公牛集团上述事宜采取一致行动外，间接持股或控制的在对涉及公牛集团的重大事项表决或提案前进行决策时，双方在间接持股或控制的表决时，也应按以上①至④项条款采取一致行动。

⑥ 双方确认自 2008 年 1 月设立之日起，双方在历次股东大会上均保持了一致意见，担任董事的各方在历次董事会上均保持了一致意见。

本协议自双方签署之日起生效，至股票上市之日起满 36 个月时终止。

值得注意的是，虽然阮立平和阮学平签订了《一致行动人协议》，但该协议会在公牛集团股票上市之日起满 36 个月时终止。由此可见，一致行动人仅是阮氏兄弟为了顺利上市的权宜之计。如果不能打破阮氏兄弟持股均衡状态，企业仍有发生控股权争夺的风险。这种风险一般发生在两种情形下：一种是战略转型，一种是二代接班。

六脉神剑，增值税的规划

增值税是所有税种里面最难筹划的，稍有不慎，就会涉及虚开发票的税收违法甚至犯罪行为，只能在优惠政策基础上做规划。只要用好用足各项优惠政策，避免多交糊涂税和冤枉税，增值税税负也能显著降低。筹划方法包括：直接免税、出口退税、即征即退、其他优惠、先税后返、业务调整等，这里重点介绍前三种筹划方法。

直接免税

首先，企业要研究一下是否可以享受增值税直接免税政策，这是国家给予的最大的减税降费红利。其次，企业需要了解具体的政策规定是否适用自己企业的经营业务范畴。比如，小规模纳税人只有在月营业额10万元以下的免征增值税，营业额超过10万元的就不能享受直接免税政策，但是征收率3%的小规模纳税人可以减按1%征收增值税，征收率5%的住房租赁行业的小规模纳税人可以减为1.5%征收增值税。

以下这些领域都涉及增值税直接免税政策：

- 小规模纳税人；
- 快递收派服务；
- 公共交通运输服务；
- 金融机构特定利息收入；
- 宣传文化；
- 农产品；

- 饲料；

- 节能环保；

- 广播影视；

- 医疗卫生；

- 军队公安系统；

- 科研文教；

- 黄金白银钻石金币；

……

需要提醒的是，享受免征增值税政策的企业，只能开增值税普通发票，不能开增值税专用发票。

案例 5-17

医美机构能否享受增值税免税政策

根据财税〔2016〕36号文规定，医疗机构提供的医疗服务免征增值税。依据国务院《医疗机构管理条例》及卫健委（原卫生部）《医疗美容服务管理办法》规定来看，医美机构是指以开展医疗美容诊疗业务为主的医疗机构。根据财税〔2016〕36号文规定，医疗服务是指医疗机构按照不高于地（市）级以上价格主管部门会同同级卫生主管部门及其他相关部门制定的医疗服务指导价格（包括政府指导价和按照规定由供需双方协商确定的价格等）为就医者提供《全国医疗服务价格项目规范》所列的各项服务，以及医疗机构向社会提供卫生防疫、卫生检疫的服务。如果一个机构既有增值税免税项目，又有应税项目，财务应该分开核算、分开开票，否则无法免税。

现实中的医疗美容行业很难满足上述规定的限制条件，因此一般不能享受增值税免税待遇。

出口退税

如果企业有国外销售或服务业务，包括跨境电商交易，那么就可以享受出口退税优惠政策，增值税就不是问题了。

为了鼓励出口，让出口的产品更有竞争力，国家对出口销售环节免征增值税，即"出口免税"；对出口前采购环节的进项税额进行退还，即"出口退税"。当然，如果出口产品之前的采购环节是免税的，本身就不含可以抵扣的进项税额，因此也无须退税。

需要提醒的是，出口业务必须是真实的交易，出口退税要同时满足以下四个条件，否则容易被认定为骗取国家的出口退税（有些企业铤而走险买专票来骗税），这是税收违法犯罪行为中性质最严重的。

- 必须是属于增值税、消费税征税范围的货物；
- 必须是报关离境的货物；
- 必须是在财务上做销售处理的货物；
- 必须是出口收汇并已核销的货物。

即征即退

近年来，为了促进经济发展和减轻企业负担，国家制定了一系列的增值税即征即退政策。即征即退，是对按税法规定缴纳的税款，由税务机关在征税时，部分或全部退还纳税人的一种税收优惠（见图5-11）。

限额即征即退　　　　　　　　　按比例即征即退

即征即退

全额即征即退　　　　　　　　　超税负即征即退

图 5-11　即征即退优惠政策分类

如果企业的增值税税负较高或者属于国家鼓励的行业，可以研究一下有没有相应能够运用的减免政策。比如，软件行业的成本费用大部分都是人工性支出，很难取得相应的可以抵扣的进项税额，增值税税负就会很高，国家对此就出台了即征即退政策；国家鼓励企业安置残疾人就业、鼓励进行风力发电、引导资源综合利用；等等，这些都可以享受即征即退政策。

限额即征即退

安置残疾人就业增值税即征即退政策：对安置残疾人的单位和个体工商户，实行由税务机关按纳税人安置残疾人的人数，限额即征即退增值税。安置的每位残疾人每月可退还的增值税具体限额，由县级以上税务机关根据纳税人所在区/县适用的经省人民政府批准的月最低工资标准的 4 倍确定。

如果最低工资标准是 2,500 元/月，企业安置 1 个残疾人就业可以每年退还12万元增值税，那么安置10个残疾人就业，就能退还120万元；这个政策力度是非常大的。我们有个浙江玉环的客户，是做密封圈业务的企业，10年前就在享受这项政策了，这个企业每年仅获得的退还的增值税就超过500万元。但企业需要注意的是，必须实际安置残疾人就业，不能是挂靠残疾人证书。

另外，根据财税〔2009〕70号文规定，企业安置残疾人员的，在按照支付给残疾职工工资据实扣除的基础上，可以在计算应纳税所得额时按照支付给残疾职工工资的100%加计扣除。

全额即征即退

铂金及其制品行业即征即退：对中博世金科贸有限责任公司通过上海黄金交易所销售的进口铂金，以上海黄金交易所开具的《上海黄金交易所发票》（结算联）为依据，实行增值税即征即退政策。国内铂金生产企业自产自销的铂金也实行增值税即征即退政策。

黄金交易增值税即征即退：黄金交易所会员单位通过黄金交易所销售标准黄金，发生实物交割的，实行增值税即征即退的政策。上海期货交易所会员和客户通过上海期货交易所销售标准黄金，发生实物交割并已出库的，实行增值税即征即退的政策。

按比例即征即退

风力发电行业增值税即征即退政策：对纳税人销售自产的利用风力生产的电力产品，实行增值税即征即退50%的政策。

资源综合利用行业即征即退政策：纳税人销售自产的资源综合利用产品和提供资源综合利用劳务，可享受增值税即征即退政策。具体综合利用的资源名称、综合利用产品和劳务名称、技术标准和相关条件、退税比例等按照国家相关规定执行（根据综合利用的资源、产品和劳务不同，设置了30%~100%退税比例）。

新型墙体材料行业即征即退政策：《财政部、国家税务总局关于新型墙体材料增值税政策的通知》所附《享受增值税即征即退政策的新型墙体材料目录》中的新型墙体材料企业，实行增值税即征即退50%的政策。

超税负即征即退

软件产品即征即退政策：一般纳税人销售其自行开发生产的软件产品，按13%税率征收增值税后，对其增值税实际税负超过3%的部分实行即征即退政策。

动漫企业增值税即征即退：一般纳税人销售其自主开发生产的动漫软件，按适用税率征收增值税后，对其增值税实际税负超过3%的部分，实行即征即退政策。

管道运输服务行业增值税即征即退：一般纳税人提供管道运输服务，对其增值税实际税负超过3%的部分实行增值税即征即退政策。

有形动产融资租赁服务行业增值税即征即退：经中国人民银行、中国银行业监督管理委员会或者中华人民共和国商务部批准从事融资租赁业务的一般纳税人，提供有形动产融资租赁服务和有形动产融资性售后回租服务的，对其增值税实际税负超过3%的部分实行即征即退政策。

飞机维修劳务企业增值税即征即退：对飞机维修劳务增值税实际税负超过6%的部分实行由税务机关即征即退的政策。

独孤九剑，通盘解决企业所得税问题

在所有税种当中，企业所得税涉及的优惠政策是最多的，所以，进行企业所得税纳税筹划的方法也是最丰富的（见图5-12）。我们就其中几个应用范围广的筹划方法向大家重点介绍一下。

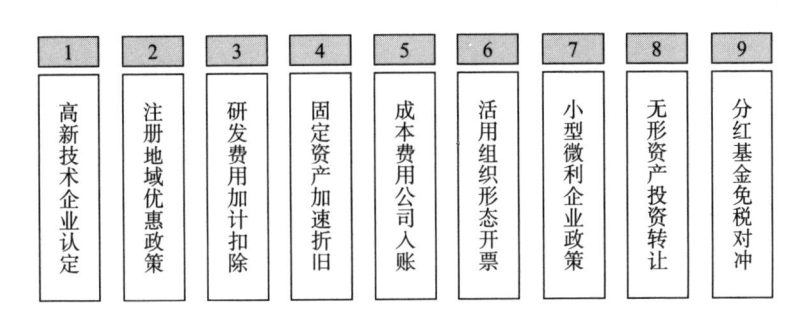

1	2	3	4	5	6	7	8	9
高新技术企业认定	注册地域优惠政策	研发费用加计扣除	固定资产加速折旧	成本费用公司入账	活用组织形态开票	小型微利企业政策	无形资产投资转让	分红基金免税对冲

图 5-12　企业所得税纳税筹划方法

高新技术企业认定

高新技术企业不仅能享受一系列的税收优惠政策和财政扶持奖励，还能提升企业的品牌影响力、市场竞争力，以及知名度、信誉度。

高新技术企业在税收上的优惠政策主要体现在三个方面：

企业所得税税率为15%。《企业所得税法》第二十八条规定，国家需要重点扶持的高新技术企业，减按15%的税率征收企业所得税。

可以延长亏损结转期限。财税〔2018〕76号文规定，自2018年1月1日起，对于具有高新技术企业或科技型中小企业资格的，其在获得资格前5年内未弥补的亏损，可以延长至10年（原为5年）进行结转弥补。

可以加计抵减增值税。财政部、税务总局公告2023年第43号规定，自 2023 年 1 月 1 日至 2027 年 12 月 31 日，允许先进制造业企业按照当期可抵扣进项税额加计 5% 抵减应纳增值税税额。这里所说的先进制造业企业是指高新技术企业中的制造业一般纳税人。申报高新技术企业的条件如下：

- 企业申请认定时须注册成立一年以上。
- 企业通过自主研发、受让、受赠、并购等方式获得对其主要产品（服务）在技术上发挥核心支持作用的知识产权的所有权。
- 企业主要产品（服务）属于《国家重点支持的高新技术领域》规定的范围。
- 企业从事研发和相关技术创新活动的科技人员占企业当年职工总数的比例不低于 10%。
- 企业近三个会计年度（实际经营期不满三年的按实际经营时间计算，下同）的研究开发费用总额占同期销售收入总额的比例符合如下要求：

　　最近一年销售收入小于 5,000 万元（含）的企业，比例不低于 5%；

　　最近一年销售收入在 5,000 万元至 2 亿元（含）的企业，比例不低于 4%；

　　最近一年销售收入在 2 亿元以上的企业，比例不低于 3%。

　　近一年高新技术产品（服务）收入占企业同期总收入的比例不低于 60%。

注册地域优惠政策

西部大开发

为贯彻落实国家关于新时代推进西部大开发形成新格局的有关精神，财政部下发公告2020年第23号文规定：自2021年1月1日至2030年12月31日，对设在西部地区的鼓励类产业企业减按15%的税率征收企业所得税。鼓励类产业企业是指以《西部地区鼓励类产业目录》中规定的产业项目为主营业务，且其主营业务收入占企业收入总额60%以上的企业。

本公告所称西部地区有：内蒙古自治区、广西壮族自治区、重庆市、四川省、贵州省、云南省、西藏自治区、陕西省、甘肃省、青海省、宁夏回族自治区、新疆维吾尔自治区和新疆生产建设兵团。湖南省湘西土家族苗族自治州、湖北省恩施土家族苗族自治州、吉林省延边朝鲜族自治州和江西省赣州市，可以比照西部地区的企业所得税政策执行。

民族自治区

《企业所得税法》第二十九条明确规定：民族自治地方的自治机关对本民族自治地方的企业应缴纳的企业所得税中属于地方分享的部分，可以决定减征或免征。自治州、自治县决定减征或者免征的，须申报省、自治区、直辖市人民政府批准。这一条款赋予了民族自治地方的自治机关在企业所得税方面一定的减免权。

为了落实《企业所得税法》的立法精神，促进民族地区经济发展和社会稳定，2015年国家税务总局以税总函〔2015〕289号发文推进这一法定税收优惠的落地。

很多民族自治地方的企业所得税优惠税率为15%，相当于将当地地方留存的企业所得税100%返还了企业。

海南自由贸易港

海南自由贸易港在税收上最大的优惠在于"双十五政策"。企业所得税税率减按15%、个人所得税税率15%封顶。

财税〔2020〕31号文规定：对注册在海南自由贸易港并实质性运营的鼓励类产业企业，减按15%的税率征收企业所得税。

鼓励类产业企业是指以海南自由贸易港鼓励类产业目录中规定的产业项目为主营业务，且其主营业务收入占企业收入总额60%以上的企业。

实质性运营是指企业的实际管理机构设在海南自由贸易港，并对企业生产经营、人员、账务、财产等实施实质性全面管理和控制。对不符合实质性运营的企业，不得享受优惠。大家要特别留意实质性运营的要求，在当地注册没有实际运营的企业，属于空壳或假企业，不得享受相应的优惠政策。

财税〔2020〕32号文规定，对在海南自由贸易港工作的高端人才和紧缺人才，其个人所得税实际税负超过15%的部分，予以免征。享受这个优惠政策的所得包括来源于海南自由贸易港的综合所得（包括工资薪金、劳务报酬、稿酬、特许权使用费四项所得）、经营所得，以及经海南省认定的人才补贴性所得。

对于综合所得部分，内陆地区普遍采用"7档超额累进税率"，分别为3%、10%、20%、25%、30%、35%、45%；海南则简化为3档，其条件是：只要在海南居住满183天的个人，收入来源于海南自贸港范围内所得，按照 3%、10%、15% 三档超额累进税率征收个人所得税。在海南自由贸易港工作的高端人才和紧缺人才的个人所得税实际税负超过 15% 的部分，予以免征。

如果按照适用海南的人才政策，个人所得税可以降低到 15%，那么，对于那些拥有较多工资薪金的个税高达 45% 的高收入人才的企业来说，是一大利好的政策。以一个年薪 200 万元的高管为例，在不考虑其他扣除因素的情况下，其个税约为 69 万元，税负接近 35%，如果适用海南的人才政策，其个税约为 29 万元，降幅高达 58%。

前海合作区

根据财税〔2021〕30 号文规定，自 2021 年 1 月 1 日至 2025 年 12 月 31 日期间，设在前海深港现代服务业合作区的符合条件的企业，可减按 15% 的税率征收企业所得税。

需要注意的是，注册在前海合作区，从事符合条件产业项目的企业的生产经营、人员、账务、财产等也须在合作区，才属于实质性运营。对于仅在合作区注册登记，其生产经营、人员、账务、财产等任一项不在合作区的企业，不属于在合作区实质性运营，不得享受合作区企业所得税优惠政策。

类似的特定地域优惠政策的地区还有：横琴粤澳深度合作区、南沙先行启动区等。

研发费用加计扣除

为激励企业加大研发投入，更好地支持科技创新，研发费用加计扣除政策发挥了关键作用。国家不断地加大研发费用加计扣除政策扶持力度（加计扣除比例从 50% 提高到 75%，再到 100%），不断扩大适用群体（除了负面清单以外，所有行业均可加计扣除，不再局限于制造业和科技型中小企业）。根据财政部、税务总局 2023 年第 7 号公告，企业发生的研发费用，在按规定据实扣除的基础上，再按照实际发生额的 100% 在税前加计扣除。该政策从 2023 年 1 月 1 日开始执行，且作为制度性安排长期实施，没有执行时间限制。

为进一步鼓励集成电路企业和工业母机企业加大研发投入，财政部、税务总局又发布 2023 年第 44 号公告，列入清单的企业可以按照实际发生额的 120% 加计扣除。

另外，研发费用加计扣除政策的目的是鼓励企业自主研发，但是高新技术企业的认定门槛相对较高，不能因为企业未被认定为高新技术企业，就不鼓励其自主研发，所以，无论是否取得高新技术企业资格认定，只要符合条件的研发费用都可以加计扣除。

研发费用可以加计扣除的具体范围包括：

- 人员人工费用；
- 直接投入费用；
- 折旧费用；
- 无形资产摊销费用；
- 新产品设计费、新工艺规程制定费、新药研制的临床试验费、勘探开发技术的现场试验费；
- 其他相关费用。

提示 1：外聘研发人员（包括劳务派遣形式），不管是按照协议或合同约定直接支付给劳务派遣的费用，还是直接支付给员工个人的工资薪金、福利，均可纳入加计扣除的研发费用范围。

提示2：有些企业特别是民营中小型企业，从事研发活动的人员也会承担生产经营管理等职能。非专门从事研发活动的人员发生的人工费用属于从事研发活动部分的，允许享受研发费用加计扣除优惠。

特别提醒：根据财税〔2015〕119号文的规定，以下六大行业被纳入负面清单，不适用税前加计扣除政策：

- 烟草制造业；
- 住宿和餐饮业；
- 批发和零售业；
- 房地产业；
- 租赁和商务服务业；
- 娱乐业。

案例 5-18

批发零售行业可以享受研发加计扣除优惠政策吗

有家做女装生意的企业，既没有研发加计扣除，也没有申请高新企业认定，但是我看到该企业有一面专利墙，上面张贴着几十个专利。他们的财务人员解释，税务认定他们的企业属于批发和零售行业，不可以享受研发加计扣除优惠政策。

我们来看看这家企业的业务是如何运作的：从供应商那里买进面料，卖给服装生产企业加工制作，再从服装加工企业买回成衣卖给客户。由此来看，企业采购的是成衣，销售的也是成衣，税务认定这是批发和零售业务是没有问题的。

把业务模式稍作调整，性质就大不同了：仍然从供应商那里买进面料，委托生产企业加工，生产企业按照该企业提供的技术、质量和工艺等要求制作成衣（包工不包料），并向这家企业开具加工费发票。在这种业务模式下，该企业采购的是面料，经过生产加工（委外生产）后卖给客户的是成衣，这就符合典型的制造业而非批发零售业的运营模式了，就可以进行研发加计扣除和高新企业认定。

海底捞属于住宿和餐饮业，是不能进行研发加计扣除的。但是，海底捞有没有进行研发投入呢？事实是存在的。比如海底捞对各大门店提供的信息技术支持，餐饮企业需要研发的新菜品，还有某些屠宰加工作业等。如果把这些业务从餐饮企业的主体剥离出来，成立新的企业独立运营，申请研发加计扣除和高新企业就是合法合规的。

固定资产加速折旧

在早些年，企业买台 5,000 元的空调，税法都要求按不少于五年的时间折旧分摊进成本费用。近年来，制造业投资增速下滑，企业自身投资能力不足，为引导企业加大设备、器具的投资力度，减轻企业投资初期的税收负担，调动企业提高设备投资、更新改造和科技创新的积极性，国家不断出台与固定资产加速折旧有关的优惠政策。最新的政策是 2023 年 8 月下发的财政部、税务总局公告（2023 年第 37 号），主要内容如下：

"企业在 2024 年 1 月 1 日至 2027 年 12 月 31 日期间新购进的设备、

器具，单位价值不超过500万元的，允许一次性计入当期成本费用在计算应纳税所得额时扣除，不再分年度计算折旧。

"本公告所称设备、器具，是指除房屋、建筑物以外的固定资产。"

提醒大家注意四点：

- 上述政策涵盖所有行业、所有企业。以前的固定资产加速折旧政策曾经限定范围，只适用于轻工、纺织、机械、汽车等重点行业，后来扩大到了全部制造业领域，现在已经取消行业限制。
- 企业可以选择"一次性扣除"，也可以选择不享受该项优惠政策。
- 新购进的设备、器具，不一定是购进新的设备、器具，也就是说，新购进的二手设备也可以加速折旧。
- 购进的概念范围广，不一定是直接采购，也包括外购、自行建造、融资租入、捐赠、投资、非货币性资产交换、债务重组等多种方式。

另外，500万元以下的固定资产一次性税前扣除政策，可以与研发加计扣除的优惠政策叠加使用。例如，某企业2024年购进并投入使用一台专门用于研发活动的设备，价值500万元，享受企业所得税一次性税前扣除优惠政策，则企业在税收上享受加速折旧优惠扣除的折旧额为500万元；该设备专用于研发活动，则当年就其税前扣除的"仪器、设备折旧费"为500万元。那么，该企业当年税前扣除金额为1,000万元。政策依据是，《财政部、国家税务总局关于执行企业所得税优惠政策若干问题的通知》（财税〔2009〕69号）规定："企业所得税法及其实施条例中规定的各项税收优惠，凡企业符合规定条件的，可以同时享受。"

如果该企业在2023年2月购入一台价值100万元的设备，2023年度没有一次性计算扣除，可以在2024年一次性扣除吗？答案是不得扣除。因为当期未选择一次性税前扣除政策的，以后年度不得再变更。如果该企业在2023年12月购入一辆价值100万元的豪车，2023年度可以选择一次性扣除吗？答案是不可以。因为享受固定资产一次性税前扣除的时间节点是：固定资产在投入使用月份的次月所属年度一次性税前扣除，所以，只能选择在2024年度一次性扣除。

小型微利企业优惠政策

对中小企业而言，在企业所得税上的减税降费力度最大的就是"小型微利企业优惠政策"。这条新政策的有效期限自2023年1月1日至2027年12月31日止。该政策涵盖了三个公告：财政部、国税总局2022年第13号、2023年第6号和2023年第12号公告。该政策的核心是：对小型微利企业减按5%征收企业所得税。税率从25%减至5%，优惠力度还是非常大的。

企业只要同时符合以下三个条件，就是税法认定可以享受该优惠政策的小型微利企业（国家限制和禁止的行业除外）：

- 年度应纳税所得额不超过300万元；
- 从业人数不超过300人；
- 资产总额不超过5,000万元。

假设一家企业同时符合上述三个条件，其2023年度应纳税所得额（对老板来说可以视同利润总额）为300万元，该企业只需按5%缴纳企业所得税15万元。如果不能享受该政策，则需按25%缴纳企业所得税75万元。

如果300万元变为301万元该怎么交税呢？有些老板以为300万元按5%交税、1万元按25%来交，合计15.25万元。这个理解是错误的。如果不符合小型微利企业的规定，一律按其原来适用的企业所得税税率25%（有些可能是15%，如高新技术企业）计算，应缴纳企业所得税75.25万元。300万元是一个临界点，利润多出1万元，企业所得税就会多出60.25万元！但是，可以组合运用固定资产加速折旧的政策，创造条件符合小型微利企业要求。比如，年底以企业名义买台设备、买辆车，一次性计入成本费用；多发一些年终奖将利润控制在300万元以下；等等。需要注意的是，利润、从业人数和资产三大指标尽量不要紧贴指标值，比如：连续多年利润总额在250万~300万元波动、职工人数在250~300人左右、资产总额在4,500万~5,000万元之间，这样容易被大数据预警，涉嫌恶意运用小型微利企业优惠政策。

有些企业的老板认为，他们的企业规模比较大，利润有五六百万元、职工人数有五六百、资产总额有八九千万元，不符合小型微利企业的三大条件。现状确实不符合，如果对业务重新规划，通过股权设计和关联交易，将产业链组合、分拆，借鉴阿米巴模式，成立供应链、研发、生产、销售等子公司，就有可能符合这三大条件。比如，海底捞围绕着火锅产业主线，把人力资源、门店装修、技术支持、供应链、食材、调味品及火锅店拆分到各经营主体，就是采用了分拆布局的思路。

第六章

财商思维实战运用

一　如何建立价值模型

评价一家企业的经营情况和财务状况，不是看其收入和利润的大小，也不是看其总资产和净资产的高低，而是看企业能给股东带来多大的收益。

案例 6-1

数据驱动经营的必要性

A 和 B 是同一行业的两家企业，它们去年的净利润都是 600 万元。

请问：哪家企业的经营状况更好一点？很多人会说不知道或者无法判断。

为什么？因为信息量不够。

现在多了一组数据：A 的销售收入是 6,000 万元，B 的销售收入是 12,000 万元。

请问：哪家企业经营状况更好一点？大部分人会认为 A 更好，因为 A 的销售利润率是 10%，而 B 仅为 5%。这是从盈利能力上分析问题的，也是从管理的视角判断的。也有部分人认为B可能更好，因为B的销售收入是A的两倍，说明B的市场份额比A高。这是从经营的角度分析问题的。我更欣赏那些回答B更好的学员，因为任何时候任何一家企业，一定是经营重于管理。比如，新产品推向市场时，从管理视角来看，应当价格尽量高一点、投入省一点、欠款少一点。但是，从经营思维来看，应当价格尽量低一点、投入高一点、欠款多一点，不遗余力地将新产品推向市场，快速抢占市场，形成市场壁垒。如果销售人员把企业的新产品按部就班地投放到市场，竞争对手买来一测绘、一模仿，半年后推出相同竞品，低价营销，大力推广，很有可能将先行者拉下马，几年的辛苦研发、巨额投入付诸东流。

再增加一组数据：A、B的资产总额都是6,000万元。

请问：A好，还是B好？这回认为B更好的人多起来了。因为B的运营效率更高，A的资产周转率是1次，用6,000万元资金取得6,000万元收入；B的资产周转率为2次，用6,000万元资金取得12,000万元收入。

最后一组数据：A的股东投入是3,000万元，B的股东投入为1,500万元。

请问：A好，还是B好？现在几乎所有人都认为B好。因为A的股东投入3,000万元获利600万元，股东回报率是20%；B的股东投入1,500万元，获利600万元，其股东回报率为40%。

A股东投了3,000万元，向债权人借了3,000万元，资产负债率是50%（总负债/总资产），资本杠杆为2倍（总资产/净资产，资本杠杆是资产负债率的变形，有时也称财务杠杆系数）。B股东投了1,500万元，向债权人借了4,500万元，资产负债率是75%，资本杠杆为4

倍。也就是说，B 动用的资本杠杆更高，杠杆收益更大，但是财务风险也相对更大一些。

可见，让数据驱动经营的必要性有多大。建议企业做决策的时候，一定要多多地寻求财务数据的支撑。同时，这个案例告诉我们：股东创办企业的目的是企业价值最大化或股东财富最大化，企业经营的综合衡量指标是股东回报率。销售利润率、资产周转率、资产负债率分别从不同的维度判断企业的经营情况和财务状况。其中：销售利润率用来衡量企业盈利能力大小，资产周转率用来判断企业运营速度快慢，资产负债率用来评估企业财务风险高低。

对于企业主和外部投资人而言，最关心利润表上的销售收入和净利润，资产负债表上的资产总额（总资产）和资产净额（净资产）。四大项目之间是如何相互联系、相互影响的（见图6-1）？

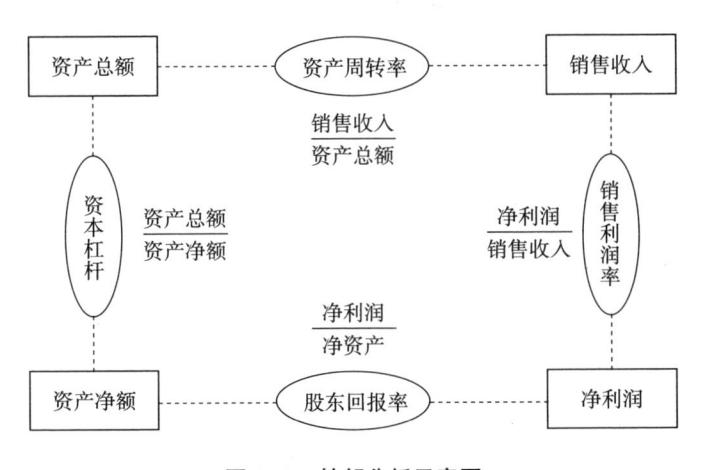

图 6-1 杜邦分析示意图

• 净利润和销售收入比较，反映了企业的盈利能力，分析指标是销售利润率；

- 销售收入和资产总额比较，反映了企业的运营效率，分析指标是资产周转率；
- 资产总额和资产净额比较，反映了企业的财务风险，分析指标是资本杠杆或资产负债率；
- 净利润和净资产比较，反映了企业的综合效益，分析指标是股东回报率。

这四大指标之间的关系是：股东回报率 = 销售利润率 × 资产周转率 × 资本杠杆。

财商思维的三个关键点"利润、效率和风险"，这里再一次得到充分体现。要提高股东回报率，任何企业的做法都是一致的：提高盈利能力、提升运营效率、运用资本杠杆（前提是风险可控）。

股东回报率（也称净资产收益率、ROE）是一切资本在选择投资项目时最关注的核心指标。股东回报率的底线一般是6%，低于6%的企业的经营班子要小心了，很有可能被股东或董事会干掉。股东回报率在20%以上的（需要区分行业）企业，属于优秀级别的企业，投资人会纷至沓来。

案例 6-2

哪家企业的股东更赚钱

如果有机会成为苏泊尔或工商银行的股东，你会选择哪一家？我在给学员上课的时候提到这个问题，几乎所有的学员都选择工商银行。为什么？凭感觉、凭经验、凭直觉！在人们的印象中，金融机构很赚钱，传统制造业盈利能力一般。

我们还是拿数据（见表6-1）说话，让数据驱动经营。

表6-1 四大项目和四大指标分析图

项目名称	苏泊尔			工商银行		
	2023年	2022年	2021年	2023年	2022年	2021年
销售收入（亿元）	213.00	201.70	215.90	8,431.00	8,757.00	9,428.00
净利润（亿元）	21.79	20.66	19.41	3,651.00	3,621.00	3,502.00
资产总额（亿元）	131.10	129.50	139.00	476,000.00	447,000.00	444,800.00
资产净额（亿元）	63.82	70.73	76.58	38,770.00	37,570.00	36,560.00
销售利润率（%）	10.23	10.24	8.99	43.30	41.35	37.14
资产周转率（次）	1.62	1.56	1.55	0.02	0.02	0.02
资本杠杆（倍）	2.05	1.83	1.82	12.28	11.90	12.17
股东回报率（%）	34.14	29.21	25.35	9.42	9.64	9.58

- 从盈利能力来看，工商银行的盈利能力完胜苏泊尔。苏泊尔的销售利润率约10%，工商银行达到了40%，这有可能是大家选择工商银行的原因。而且工商银行的规模和苏泊尔也完全不可同日而语，工商银行营业额超过8,000亿元、利润超过3,000亿元，苏泊尔营业额只有200多亿元、利润只有20亿元。

- 从资产效率来看，苏泊尔完胜工商银行。苏泊尔的资产周转率为1.62次，工商银行仅仅0.02次。苏泊尔的资产大约7个月（200天）就能周转一次，但是工商银行的资产周转一次需要50年以上（20,000天）的时间。

- 从资本杠杆来看，苏泊尔的资本杠杆是2.05倍，工商银行为

12.28倍，工商银行完胜苏泊尔。将资本杠杆换算为资产负债率来看，苏泊尔的资产负债率约为50%，工商银行的资产负债率超过了90%。工商银行在财务杠杆方面，再次完胜苏泊尔。

- 从股东回报来看，苏泊尔的股东回报率34%，而工商银行的股东回报率仅仅接近10%。也就是说，往苏泊尔投资100万元，每年能分红34万元；往工商银行投资100万元，每年仅收益10万元。

苏泊尔的投资回报比工商银行高得多，其实只是打赢了资产效率这一仗，而大部分人没能足够注意企业的资产效率，致使应收账款和库存越来越多，忽视外购、外包、外协而过分依赖自己企业的生产。在此，我要特别提醒各位的是，盈利能力并非全部，还要重视资产效率。

同一行业不同企业的资料回报率如何呢？我们具体分析一下。如果有机会成为贵州茅台、五粮液、洋河股份和汾酒集团的股东，你认为哪家的股东回报更高一些？很多人的第一感觉是茅台。错了！看懂财务报表，才能做对经营决策，还是用数据对比出答案（见表6–2）。

表6–2 几家白酒企业关键指标分析

项目名称（2022年）	汾酒集团	贵州茅台	五粮液	洋河股份
销售利润率（%）	31.30	51.25	37.81	31.19
资产周转率（次）	0.79	0.50	0.51	0.44
资本杠杆（倍）	1.69	1.24	1.31	1.43
股东回报率（%）	41.79	31.78	25.28	21.03

贵州茅台的销售利润率超过50%，和其他三家比较，遥遥领先。但是，汾酒集团的股东回报率才是最高的。这有可能又在人们的意料之外。这是因为汾酒集团的资金周转效率是四家中最高的！如果汾酒集团的资产周转率和贵州茅台、五粮液一样也是0.5次，那么它的股东回报率立即从42%跌至26%。提升资产效率的重要性由此可见一斑。

在这里，我为大家梳理了一份企业的价值模型（见图6-2），适用于任何行业、任何企业。

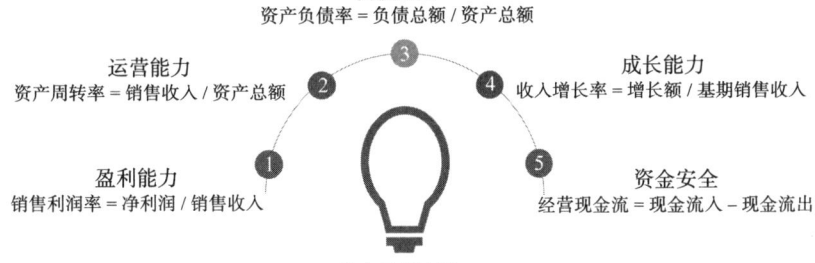

偿债能力
资产负债率＝负债总额/资产总额

运营能力
资产周转率＝销售收入/资产总额

成长能力
收入增长率＝增长额/基期销售收入

盈利能力
销售利润率＝净利润/销售收入

资金安全
经营现金流＝现金流入－现金流出

股东价值创造
股东回报率＝净利润/净资产（净资产收益率）

图6-2 企业价值模型

股东创立企业的目的就是赚钱，这是企业管理和财务管理的终极目标，也就是股东财富最大化或者企业价值最大化。衡量它的指标就是股东回报率。如何达成这个目标呢？利润、效率、风险、增长和安全，五个要素一个都不能少。

盈利能力

判断盈利能力的指标是销售利润率。企业的盈利能力高低需要和自己比（同期、上期、预算等），也要和行业对比（所有项目的比较分析都是如此，下同）。如果企业对自己的盈利能力不满意，需要进一步分析产品的获利空间和费用的管控水平，要分别用销售毛利率和费用占收入比指标分析，找到解决方案。

运营能力

衡量运营能力的指标是资产周转率。资产效率在助力实现股东目标上有十分重大的意义，却是企业最容易疏忽的关键之处。如何提升资产效率？轻资产运营。企业要在流动资产的管理上，重点管控好应收账款和存货，包括总额控制和结构控制；在固定资产的投入上，尽量将其投资在能帮助企业打造核心竞争力的领域。可以考虑外包、分包、外购、外协的方式整合社会资源。

偿债能力

分析偿债能力的指标是资产负债率。这个指标是一把双刃剑，要谨慎对待。资产负债率很高，说明企业动用资本杠杆的能力强，在企业有利润的情况下，可以助推企业更加赚钱，但是在企业亏损的情况下又会进一步加剧企业的亏损。而且，资产负债率很高的情况下，可能导致企业缺乏到期债务偿付能力，甚至威胁企业的资金安全。不建议企业刻意运用这个指标，把它控制在行业平均值即可。

成长能力

评估成长能力的指标是销售增长率。这个指标对于成长期的中小企业而言非常重要，企业可以尽量在销售环节加大各种资源投入，包括薄利多销、宽松信用、宣传推广、绩效政策等，不仅能够达到抢占市场份额、快速增长销售收入的目的，还可以最大限度摊薄企业的成本费用。但是不能照搬照抄，必须活学活用。比如，某行业的市场已经饱和甚至过剩，处于成熟期甚至衰退期，即使在销售端动用一切资源，其销量的增长也会十分有限，很难有相应的产出回报。

资金安全

预警资金安全的指标是经营现金流。这个指标和偿债能力一样，也是从财务风险的角度保障股东目标的达成。只是资金安全是企业的一条红线，一旦资金链断裂，企业之前的经营成果都将付诸东流。所以，要特别增加经营现金流这个维度，并想方设法让经营现金流保持正数。如果有缺口，就尽快用对内挖潜和对外开源双管齐下的方式进行补救。

二 如何为绩效管理保驾护航

财商思维在企业实践中的运用离不开绩效管理这个非常重要的抓

手。经验告诉我们，好的绩效管理离不开企业的动力机制、压力机制和支持机制，以及企业设立的底线目标、进取目标和挑战目标。

三大机制

动力机制

绩效管理最大的目的就是要调动大家的潜能。企业的员工为达成绩效目标，会积极主动地找方法、找措施，不断调整、改进、创新自己做事花钱的方式，努力创造价值，并参与分享企业增量收益，从而实现企业、团队与个人的利益共赢。

压力机制

动力机制倡导的是比以前做得更好，而压力机制预防的是比以前做得更差。如果企业或员工最终取得的业绩成果比前一个阶段更差，这通常是企业不可接受的底线，必须跟进考核。但是在实践中，很多企业片面强调绩效考核，用错了压力机制。比如，下达给业务部门的目标比上年实际业绩高出一大截，导致员工抵触，甚至抵抗或对抗。我的建议是：突出动力机制的牵引作用，淡化压力机制的处罚作用。

支持机制

在绩效管理中，支持机制的作用未能引起企业的足够重视。企业中的任何业务单元都不是孤立存在的，要完成分解目标，需要协同和支持。比如，销售部门需要生产部门的交付和质量支持，需要研发部门的新产品支持；生产部门需要采购部门的材料支持；采购需要财务的资金支持；财务需要销售的回款保证；等等。这些资源需求事项应当成为对接部门的绩效目标，得到企业层面的协同和支持，从而解决部门之间的协调难题，形成良性循环。

三大目标

建议企业将净利润、销售收入、降本增效、经营现金流等重要的产出类目标设立为三大目标（见图6-3）：底线目标、进取目标和挑战目标，可以同时设立三类目标，也可以将底线目标和进取目标并存。

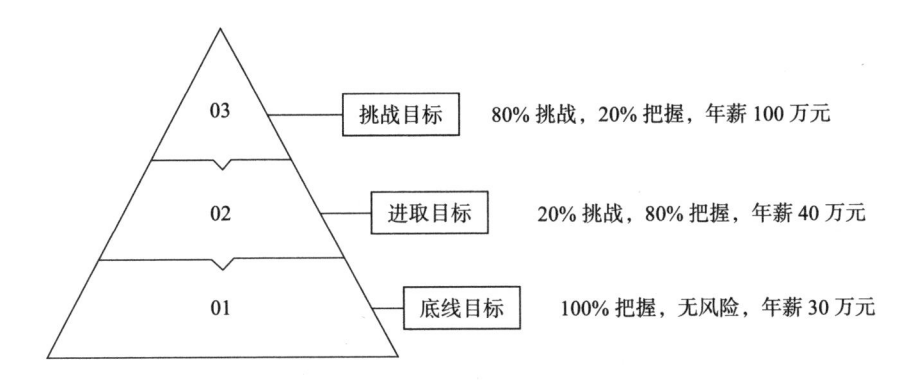

```
03  挑战目标   80% 挑战，20% 把握，年薪 100 万元
02  进取目标   20% 挑战，80% 把握，年薪 40 万元
01  底线目标   100% 把握，无风险，年薪 30 万元
```

图6-3 设立三大目标示意图

底线目标

底线目标对应的是压力机制。未完成底线目标的人，必须给予绩效处罚；仅完成底线目标的人，不处罚不奖励。

对业务单元来说，底线目标应当是100%有把握完成的，其目标值的设定一般参考上年的实际完成情况。例如，销售部门上年完成收入1亿元，今年的底线目标仍然是1亿元，只要和去年付出同样的努力，在市场环境保持不变的情况下，即使没有优化、创新，实现这个目标也应该是合理的。底线目标的设定，可以打消相关工作人员的后顾之忧。当然，底线目标可以在上年实际完成的数据的基础上上下波动。比如，有些企业会考虑行业的自然增长因素，评估内外部环境和条件，在上年实际完成的数据的基础上适当做加法；也有些企业或所处行业处于转型期、衰退期，企业综合评估后，就有可能在上年实际完成数据的基础上略做减法。

总之，底线目标是否合理，需要评价方换位思考，其评价标准就是要看参与进来的工作人员是否有把握、有压力达成目标。仅完成底线目标，一般不需要参与进来的工作人员付出额外的努力，但也不会给企业创造增量收益。所以，工作人员也别指望自己的年薪能有所增长。毕竟绩效目标是分享增量收益的，只有比上年做得更好，为企业带来更多效益，才能分享增量收益。

进取目标

进取目标对应的是动力机制。未完成进取目标但完成了底线目标的人，不处罚不奖励；完成了进取目标的人，必须给予绩效奖励。

进取目标一般在底线目标的基础上增加20%左右，具体要看企业的规模大小、企业处于生命周期的哪个阶段、行业的特点与成长性、内外部环境与条件等。比如，销售部门去年完成营收1亿元，今年企业给其下达进取目标为1.2亿元。销售部门的反应是：完成的可能性还是比较大的，但是需要付出更多努力。只是多出来2,000万元的目标到底该怎么做到呢？总不能指望自然增长吧？更不能期待天上掉馅饼吧？他们要为此不断思考：

- 怎样从竞争对手那里把客户的份额抢过来一部分？
- 怎样去开发新市场、新渠道、新客户？
- 需要研发部门开发、推出哪些新产品，老产品要做哪些改进？
- 怎样搞业务宣传、展会、促销活动更有效果？
- 如何用互联网、新媒体、自媒体的方式助力销售目标的达成？

他们要不断地找方法、找措施，不断地调整、改进、优化、创新。他们通过创新行动方案、调整动力机制，最终实现了进取目标，就意味着他们为企业带来了增量收益，其个人的收入自然也水涨船高。

案例6-3

仓管员为什么对考核感兴趣

我们的一个客户，仓库的账实相符率一直很差。其仓库管理制度规定账实相符率要达到96%以上。如果每次检查的时候账实相符率达不到96%，则处罚仓管员300元。并责成仓管员上报情况说明，分析问题出在哪里，准备如何整改。

每次被处罚，还要写报告，导致仓管员的对立情绪非常大。他们也不知道问题出在哪里，接下来该怎么办。财务人员建议仓管员在每天空下来的时候抽盘库房，有助于及时发现问题，找到改进方法。仓管员认为没有空闲抽盘库房。事实上，只要他们不想做，有的是理由和借口。

通过实施绩效管理，情况出现了翻天覆地的变化。

我们经过评估发现，该客户目前仓管员的账实相符率在85%左右，离要求的96%有很大的差距。我们先确定其底线目标为85%，如果完不成，则处罚300元/次，考核指标由原来的96%降到了85%，仓管员认为这是有把握完成的目标。所以，他们100%同意了。

当然，底线目标不是该客户想要的，我们只是希望通过制定底线目标，打消仓管员的后顾之忧，同时警告他们不要挑战企业的底线。

进取目标才是该客户想要实现的目标。因此，我们将进取目标设定为90%。如果每个季度检查的时候仓库的账实相符率能达到90%，奖励仓管员300元/次；连续四个季度账实相符率都能达到90%，给仓管员涨工资。

此后，仓管员们都如同变了个人。

过了一个季度，财务人员因为某些因素忘了检查仓库的账实相符情况，仓管员的投诉电话就打过来了，说好的每个季度派人来检查账实相符率，一个季度过去了，为什么还不来检查呢？我从来没有见过员工对检查、考核这么感兴趣的。其实他们真正感兴趣的是激励政策下的应得的奖励。毕竟，在过去的三个月中他们做了大量的工作，做了很多改进，他们有信心保证账实相符率达到90%以上。结果不来人检查了，也就意味着他们这个季度的300元奖励有可能泡汤了，同时失去涨工资的机会。

我们发现，仓管员空下来的时候就会上企业的ERP系统，把每个物料的现存量清单打出来去货位上抽盘。以前要求他们这么做时，他们会找一堆理由不去做。现在没有任何人要求他们这么做了，他们自动自发地做起来了。

通过每天的抽盘，他们能够及时发现问题，并及时改进问题。自己解决不了的，就会随时向企业提出资源需求。比如，有时他们发现物料短缺是因为被生产工人偷偷拿走了，他们就会建议，把敞开式的仓库加门上锁或装上监控；他们发现 ERP 系统的数据经常出错，分析原因后发现是物料编码重复或者编码规则不合理所致，便主动提出相应的解决方案。

第一年下来，该客户仓库的每个仓管员的账实相符率都达到了 90%，并拿到了每个季度 300 元的奖励，都加了一级工资。

第二年该客户的底线目标提升到 90%，进取目标设定为 94%，奖惩措施和第一年保持一致。大家又做到了。

第三年继续调整指标值。底线目标提升到 94%，进取目标设定为 97%。除了一个仓管员没能加一级工资以外，其他人全部做到了。

通过绩效管理，我们用三年的时间，帮这个客户的仓库的账实相符率从 85% 提升到 97%，他们建厂十多年以来没做到的事情，我们帮他们做到了。

用底线目标打消仓管员的后顾之忧，用进取目标拉动仓管员的激情。只要他们的工作比以前有改进、优化、创新，或者只要比去年做得更好，就应分享增量收益。这里要重点提醒各位，千万不要说：这是你应该做的，这是你的工作职责。如果你是这种格局和境界，那就麻烦了。

案例 6-4

如何将贷款利率从 8.3% 降为 3.8%

我们给杭州的一家客户做财税咨询项目时发现，他们在某家银行有一笔贷款，年化利率高达 8.3%，相对 4.35 的基准利率来说实在太高了。

我们问该客户的财务总监这是怎么回事？

财务总监回答：企业的资金非常紧张，曾多次找四大行谈贷款，因为没有担保和抵押，收入没有增长，效益也不太好，四大行都不给贷款。企业又真的需要贷款支持，抢占市场份额，只有这家银行愿意助一臂之力，企业也就只能承担高利率的贷款风险。当然风险和收益是成正比的，所以他们接受这家银行将贷款利率在基准利率的基础上上浮一倍的要求。

财务总监振振有词，好像还真是那么回事。

我们马上开始绩效管理。我们不按常理出牌，甚至连底线目标都没给，直接为他们设定了进取目标，引导财务部门降本增效。一般情况下，我们会让财务部门自我评估能降本增效到什么程度，然后把它作为底线目标，完不成就要处罚。比如，财务评估能降本生效100万元，那么就以100万元左右作为底线目标。再设定一个150万或200万元的进取目标，把超额部分的20%奖励给财务团队。再制定一个500万元的挑战目标，将超额部分的50%甚至80%奖励给财务团队。

此次我们的目的是要重塑该客户财务部门的绩效理念，建立分享增量收益的文化，于是打破常规，不设底线目标，直接下达进取目标。财务部门如果能为企业创造价值，可以分享一定比例的降本增效金额，比如100万元以下的比例为5%、100万～300万元的10%、300万～500万元的15%、500万元以上的20%。

如果工作人员不能为企业降本增效，不做任何处罚；一旦为企业创造价值，立即与他们分享增量收益。绩效政策一经签署，财务总监立即变了个人，马上开会对绩效政策进行上传下达。他先做了工作调整，把自己手头的日常工作分解给各个财务人员，把自己从记账、算账、报账等核算事务中解放出来，一门心思思考如何为企业创造价值，并承诺将奖金的一半用于团队分配。然后，他确定了几个降本增效的重点领域：

- 通过纳税筹划将税负合理、合法、合规地降下来；
- 通过内部资金挖潜将融资总额降下来的同时将贷款利率减下来；
- 通过内部控制将各项浪费、损耗降下来；
- 通过与政府部门沟通将各项奖励和补贴拿下来；
  ⋯⋯⋯⋯⋯

他开始到处走访各家银行，终于有银行提醒他：建议你将"专精特新"的企业资质申请下来，会对解决企业的融资有非常大的帮助：

第一，不需要担保，也不需要抵押；

第二，利率可以控制在基准利率以下；

第三，融资额度至少可以在 2,000 万元以上。

得到这个信息，财务总监欣喜若狂。经过财务和研发以及其他部门的通力合作，在中介机构的指导、帮助下，这家客户成功拿到了浙江省"专精特新"企业的认证资格。财务总监终于有底气、有筹码和银行谈合作谈利率了，利率一下子从 8.3% 降到了 3.8%，在以前认为天方夜谭的事情，终于成为事实。

除此以外，我们还向该客户建议，应当给采购、生产、研发、销售、财务等各个业务部门设定降本增效的底线目标和进取目标。事实上，有些企业是有这样的理念的，但是一操作起来就变味了，达不到应有的效果。这家客户下达给采购部门降本增效底线目标 1,000 万元时态度非常强硬，如果完不成，采购总监年底下台；将超额完成1,000万元以上的部分的20%奖励给采购团队。采购总监认为1,000万元是根本无法实现的目标，于是选择了"躺平"。

挑战目标

挑战目标与进取目标一样，对应的是动力机制。未完成挑战目标但完成了底线目标的人，不处罚不奖励；完成了挑战目标的人，必须大奖特奖，可以让奖励超出当事人员的预期之外。

挑战目标一般要在底线目标的基础上成倍增加，在正常情况下完成的可能性只有10%～20%。如果只是照搬以前的方法，根本不可能完成挑战目标，需要在方法上有重大调整或创新。它的理论依据是这样的：如果你非常渴望完成一项目标或任务，那么在日常工作、生活、学习中一定会发现或捕捉到与其相关的有用信息，产生相应的灵感和创意，于是方法上的创新就出现了。如果没有目标和要求，即使遇上了好的机会你也会无从察觉，在毫不知情的状态下让这些机会从你的指缝中溜走。

对于挑战目标，只能激励，决不能处罚，而且激励的力度要非常大，目的是让当事人发自内心地接受挑战目标，并进入他的潜意识当中，或者他在做梦时都在想着如何实现目标，这能让他变得非常敏锐，对外部环境的感知度非常高，容易抓住机会产生联想，从而形成方法上的重大创新。如果当事人内心深处抗拒挑战目标，认为目标根本不可能实现，那么就很难让他察觉到有用信息，也就很难出现方法的创新或结果的奇迹。

案例 6-5

怎样把旧衣服卖出更高的价格

怎样不花 1 分钱把一件 1 美元的旧衣服卖到 2 美元或 20 美元呢？

一位父亲要求他的 13 岁的儿子将一件价值 1 美元的旧衣服，卖到 2 美元。虽然这很不容易，但是苦思冥想还是能够找到方法，实现这个目标的。比如：

- 洗干净。旧衣服上难免有脏污，卖相太差，肯定影响价格。
- 熨平整。提升旧衣服的品质。
- 选地点。选择地铁站、火车站门口等人流量大的地方大声叫卖。

一天时间下来，嘴巴渴了，嗓子哑了，终于把衣服卖到 2 美元。

但是要想卖到 20 美元就很困难了，这其实就是一个挑战目标。试想一下，完全沿用上述方法是否可行？是可以继续使用洗干净、熨平整这两个方法的，去人海当中叫卖显然是行不通的，必须在方法上调整、改进才有可能卖到 20 美元。这个孩子想了三个月也不知道如何是好，这件衣服时不时地在脑海中闪现：上课的时候偶尔开小差，那件衣服该怎么办呢？回到家见到父亲就会想起任务还没完成，有时做梦都会高兴得跳起来，因为梦到衣服卖出去了。

有天晚上做好了作业，他和父母一起看《唐老鸭和米老鼠》。才看了一会儿，他的脑袋里突然蹦出一个想法：如果在衣服上画上唐老鸭和米老鼠的图案，是不是就有可能卖到 20 美元了？方法上的重大创新就在这一瞬间产生。为什么和他一起在看电视的父母产生不了类似的联想呢？因为他的父母心中没有目标和要求，对环境不敏感，对信息不敏锐，捕捉不到机会，产生不了创意。

接下来，这个孩子继续调整和改进方法。为了不花1分钱画上这个图案，他需要借力、借势。他请美术老师为他作画。

那么，要去哪里卖呢？消费群体要满足两个条件：第一，对唐老鸭和米老鼠感兴趣；第二，毕竟要卖20美元，需要消费者具有一定的消费能力。这个孩子想了又想，最终他到一所贵族学校门口叫卖，终于实现了挑战目标。

实现挑战目标需要跳出常规，需要脑洞大开，需要思路创新，才有可能让奇迹发生。在企业实践中，怎样才能促成这方面的转变？需要企业有超出预期的激励力度，能让挑战目标进入相关工作人员的潜意识，让相关工作人员如同打了鸡血一般地投入战斗，才有可能实现企业超常规发展的目标。

三　经典案例，细节回顾

背景介绍

我们全面受托管理的一家企业，是生产、销售电机的传统企业，在这之前该企业面临着销量停滞不前和连续多年亏损的窘境，已经快撑不下去了。屋漏偏逢连夜雨，原材料价格大幅度涨价，导致该企业的亏损进一步加剧。

销售遇到瓶颈

这是杭州的一家民营企业,已经成立 15 年了,销售额始终没能突破 1 亿元。其 2018 年、2019 年、2020 年的销售额分别为 9,053 万元、9,767 万元、9,350 万元,1 亿元成为其突破不了的销售瓶颈。

经营举步维艰

2018—2020 年三年期间该企业累计亏损超过 1,000 万元,其中 2020 年亏损 350 万元。亏损不是最要紧的,长亏倒也问题不大。最要命的是,该企业的资金链有断裂的风险,进一步威胁到企业的生存安全。

原材料价格疯涨

这家企业生产制造的产品是电机,是为冰箱、冷柜等主机厂家配套的设备。电机的原材料主要是铜、铝、钢、铁。我们受托管理这家企业之前,市场上原材料价格已经大幅度上涨,托管之后原材料价格仍然一路飙升,短短一年时间,铜、铝、钢、铁的价格几乎翻倍增长(见表 6-3)。

表 6-3 原材料价格比较分析图

单位:元/吨

项目名称	铜	铝	硅钢	带钢
2020 年最低价	40,910	12,060	4,673	3,249
2020 年年末价	56,890	16,470	6,687	4,342
2021 年最高价	76,500	24,500	8,050	5,640

托管，寻求突破

在这之前，我们已经和这家企业以常年财税顾问的方式合作三年，建立了很好的信任关系。企业的老板决定与我们深度合作，决心将企业全权委托给我们管理，以"利润"作为最终的交付标的，双方签署了为期三年的对赌协议，主要条款约定如下：

- 由我担任企业总经理（该企业的老板变为主管销售的副总经理），拥有决策权、资金使用权和人事权，我们委派管理者代表团队常驻该企业现场办公。
- 该企业不负担我们的工资、奖金，不支付咨询费、顾问费。
- 以该企业 2020 年度亏损的 350 万元为基数，按一定比例分享增量收益。

挑战，分析论证

在签订对赌协议之前，我们也是犹豫再三。经过一个星期的调研，通过 SWOT 分析论证，最终下定决心，要大干一场。

我们的优势

精通 ERP 系统，擅长信息化处理，可以通过数据分析驱动经营管理，抓住关键控制点。

精通全面预算管理，并以此为抓手，通盘考虑企业的所有关键问题，系统解决，最终达成目标。

我们团队的专业素质、敬业精神和解决问题的能力非常突出。

我们的劣势

我们的团队成员能力相对比较单一，能力优势集中在财税领域。不懂销售、不懂技术、不懂生产、不懂采购、不懂人力资源管理。

我作为团队的主力人员之一，经常到全国各地授课，而团队成员都在全国各地有咨询或顾问项目，不能特别集中精力。

我们的机遇与发展前景

该企业的老板擅长市场营销，海尔、美的、海信等国内知名企业是该企业的客户，该企业成立15年，在各个方面都有一定的基础。

我们的团队人员都是财税专业人士，缺乏企业整体运作的经验，这是提升我们整体团队的经营管理能力、拓宽咨询项目广度和深度的非常好的实战机会。

我们的团队能力与该企业的团队能力能够优势互补、取长补短，这一点非常关键。

我们面临的现实挑战

原材料价格疯涨。该企业之前的销售毛利率曾经达到40%以上，由于原材料价格的大幅度上涨，又未能成功地将增涨的价格转嫁客户，致使该企业平均销售毛利率一路下跌，最低的时候只有24%。

资金周转不动。该企业银行账户上的资金余额经常不足10万元，已经拖欠工人工资三个月，拖欠很多供应商的货款半年以上。导致工人经常罢工，供应商向法院起诉。

企业人心涣散。由于长期亏损，员工收入没有增长，再加上资金紧张，不断拖欠工资，员工对该企业缺乏信任，对前景缺少信心，企业上下犹如一盘散沙。

托管，寻求突破

第一年实现销售突破并扭亏为盈

销售破亿：2021年度销售额达到1.2亿元，该企业第一次突破销售额1亿元的规模瓶颈。这是该企业创业15年以来没能做到的事情，我们在托管的第一年就帮助他们达成心愿。

扭亏为盈：2021年度企业终于扭亏为盈，在原材料价格几乎翻番的背景下实现净利润258万元，这个成绩实属不易。

毛利控制：毛利控制卓有成效。由于原材料价格大幅度上涨，该企业在托管给我们之前，其销售毛利率从原来的40%下跌到24%。在我们托管后，其销售毛利率逐渐回升到2021年度的平均水平29%。

第二年解决质量难题且利润大增

销售额持续增长：2022年度销售额达到1.5亿元，在上年破亿的基础上继续增长25%。

盈利能力大幅提升：实现净利润1,200万元，销售利润率从2021年的2%提升到了8%。

质量顽疾得到根治：2022年，针对团队能力的短板，我们团队招募了一位懂生产、技术、采购的伙伴作为派驻该企业的管理者代表之一，与该企业一起进行技术攻关，解决了困扰该企业多年的质量顽疾，产品质量上了一个台阶，对稳定老客户、开发新客户有非常大的帮助。

第三年再接再厉，企业涅槃重生

收入、利润平稳增长：2023年度销售额达到1.8亿元，和上年同期比较增长20%，和托管给我们之前比较几乎翻番。实现利润1,800

万元，三年托管期间累计盈利超过 3,000 万元。

扩大规模、厂房搬迁：在我们受托管理期间，该企业规模不断扩大，对产能提出了新的需求。由于当地政府看好该企业的发展前景，给予其很大力度的招商引资政策。2023 年我们的派驻团队配合该企业搬迁，在做好日常经营、确保资金收支平衡以外，抓住银行对"专精特新"企业的扶持政策，广开融资渠道，解决了该企业扩充产能、扩建厂房的资金需求。

研发新品、布局未来：该企业的主要产品罩极电机技术含量不高，市场竞争非常激烈，并且已经出现被无刷电机替代的市场趋势。为布局未来，企业在产品和技术上必须转型升级，配合产品线的扩张，把研发新品并推向市场做成该企业 2024 年的重点目标。

精彩回放，首战告捷

因为在受托管理的第一年，遇到的困难最大，我们投入的时间最多，所以我重点与大家分享 2021 年度的托管经验。

2021 年初，根据内外部环境与条件的分析，为实现预算目标，我们的派驻团队与托管企业达成了共识，必须打赢三大战——打开资金死结、控制原材料毛利、提升生产产能，并制定了行之有效的执行策略。

打开资金死结

资金现状

该企业的资金周转一直非常困难，由于拖欠货款现象严重，供应商供货意愿与合作意愿不足，导致采购常常断货，生产产量提不上来，延误销售交期便成为常态，致使部分客户和部分订单流失，进一步加剧资金回款的难度，企业陷入资金周转的恶性循环当中。

该企业的资金问题集中表现在采购付款环节，然后影响了生产，耽误了销售。当然，造成采购断货的原因很多，有采购计划不到位、供应商供货能力不足、供应商渠道不畅等，且这些因素交织在一起。如果企业的资金问题不解决，采购人员会以此为借口，无法对供应商提出交期、质量和降价的要求；供应商会以此为借口，无法满足该企业采购人员的要求。

所以，要解决该企业采购断货问题，必须先解决资金问题，待其他问题浮出水面时再逐一解决。资金管理成为该企业经营管理环节中最重要的一环，牵一发而动全身。资金问题一旦解决，所有问题将迎刃而解。

应对方案

应收账款：2021年初，追加每月对业务员回款的绩效考核（包括逾期应收账款、回款完成率以及坏账损失的考核），每月控制逾期应收账款总额，督促催收货款，传递资金压力，从源头上解决资金周转问题。经过我们的努力，成功将该企业的逾期应收账款总额从年初的1,188万元下降到年末的683万元，全年释放流动资金500万元。

库存产品：每月监控与协调产成品的发出与变现，包括正常产成品的及时出库和呆滞积压产品的返修处理（淡季期间），协调解决出库、发运过程中出现的打托、叉车、物流运输、外转子与罩级的产品齐套等问题。产品及时出库，形成销售和利润，启动客户的应收账款账期，加速资金回笼。仅在成品库存快速周转方面，释放流动资金200万~300万元。

增加贷款：由于该企业客户端的账期约为5个月，采购端的账期只有1个多月，账期的错配导致销售规模越大资金缺口越大。所以，为了快速缓解资金紧张的局面，在2021年度增加银行贷款500万元。

销售账期：将应收账款账期平均压缩1个月，释放流动资金约800万元，对大客户与中小客户、国内客户与国外客户、老客户与新客户、罩级产品与外转子产品等分门别类，分别采取不同的策略进行账期调整和账期管理。

采购付款：2021年8月，通过下发《规范供应商采购付款的通知》，配合承诺函，将大部分供应商的账期增加1~2个月，从源头上减少了逾期应付账款的支付压力（应付账款余额没有减少，但是逾期的应付账款减少了约800万元）。

资金平衡：在各个环节想办法释放资金的同时，重点做好每月的资金收支平衡工作，提早规划，量入为出，严格执行资金计划，控制各个节点的资金安排。

效果评估

工资发放：2021年下半年以后，该企业做到了按期发放工资，绝不拖欠，重塑在员工心中的形象，让员工恢复对企业的信任和信心。

采购供货：2021年下半年以后，采购付款恢复正常，供应商的抱怨显著减少，供货信心和合作意愿逐渐恢复，基本上没有影响到材料的及时供应和质量。

产能提升：2021年下半年，尤其是第四季度，由于工资发放完全到位、采购付款基本到位，员工信心逐渐恢复，采购到货趋于正常，在其他配套措施和激励政策的共同作用下，生产产能得以大幅度提升。

资金弹性：在开始受托管理的时候，该企业账户上的资金经常不到 10 万元，但是一年以后，其平均每天的账户资金余额达到 1,000 万元；三年以后，账户平均每天的资金余额超过 2,000 万元，资金安全储备量超过了三个月。

控制原材料毛利

成本现状

原材料价格疯涨：该企业电机上用到的原材料铜、铝、钢、铁等，2020 年低谷的价格与 2021 年高点的价格比较，涨幅都在 80%～100% 之间，全年经历了三波猛烈价格上涨：年初、5 月份、10 月中旬。

侥幸心理：该企业的相关人员均按以往的惯性思维看待这一现象，想当然地认为这些原材料的价格会在每年年底、春节前后上涨，在每年年中的时候回落。所以，没有积极主动地向供应商提出调价的要求，而是被动应对、消极等待。

畏难情绪：认为客户规模太大，自己没有与对方谈判价格的筹码，也担心调价行为影响客情关系，担心价格调上去了订单量会减下来，甚至丢失客户……另外，业务员不愿调价，和原有绩效提成方案的设计缺陷有密切关系。

应对方案

果断调价：给客户涨价肯定会困难重重，尤其面对企业的大客户，但也并非没有可能做到。经过我们多番引导、数据分析，以及竞争对手不断调价的信息的刺激，该企业的相关工作人员逐渐丢弃侥幸心理，并与我们逐渐达成共识：原材料价格疯涨已经威胁到企业的生存，调价刻不容缓！经过销售团队的不懈努力，在2021年度，几乎给该企业的所有客户都上调了一次价格，甚至有些客户的价格在一年内被调整3次以上。将原材料涨价的危机转化为机遇，为企业生存发展铺平了道路。

分门别类：将客户群体区分为新客户与老客户、国内客户与国外客户、大客户与中小客户，针对不同的客户群体采取不同的销售方法和对策。

绩效驱动：为鼓励和引导业务员接单时积极主动地与客户商谈调价，转嫁原材料价格上涨压力，在2021年初，有针对性地出台了新的绩效政策：毛利率超过40%的订单，奖励业务员6,000元/月；毛利率在35%~40%之间的订单，奖励业务员4,000元/月；30%~35%之间的订单，奖励业务员2,000元/月。

保障有力：为了控制和达到订单毛利率绩效要求的目标，业务员提出，可以在每天每次下订单的时候知道订单的毛利率的情况，并且希望企业给出的产品成本数据相对准确。我们根据他们的需求，开发了产品成本管理系统和销售订单管理系统，以及销售环节的一键报表自动生成系统。他们可以在每月或每个星期根据原材料价格的波动，实时刷新产品成本，为调价和定价带来了极大的便利，从而为订单毛利率的控制提供了强有力的技术保障和信息支持，真正做到了"数据驱动经营"。

效果评估

对销售毛利的综合控制,取得了非常好的效果,甚至超出了我们的预期。以 2020 年底的销售价格作为比较的依据,该企业在 2021 年度通过调价的方式,让销售订单的毛利增加了 1,300 万元,其中有 700 万元已经在销售发货当年的利润中体现出来,有 600 万元会在 2022 年度销售出库后实现。该企业成功应对材料涨价对其生存和效益产生的巨大冲击。

提升生产产能

企业现状

一直以来,该企业的特点是"强经营、弱管理"。最大的优势是有销售订单,最大的问题是产能跟不上。而其产能问题主要有三点:

一是采购断货导致生产部门经常停工待料,一再延误交期;让步接收采购回来的质量不合格的原材料又会导致一系列制造产品的质量问题。

二是生产工人人手不够且极不稳定,招人难,留人更难。

三是设备陈旧、效率偏低。

应对方案

解决采购瓶颈:2021 年度,我们花了很多时间和精力帮该企业解决资金问题,很重要的一个方面就是解决其采购缺料瓶颈。在当年下半年尤其是第四季度,采购供货基本上不再对正常生产构成较大影响,供应商在交货及时性和供货质量方面的改进成效非常显著,为提升该企业产能提供了良好保障。

提高生产效率：2021年度上半年，该企业新增两台绕线机，下半年又添置了四台。在生产、技术和采购人员的共同努力下，一一攻克新机器运行过程中产生的问题，让新设备的运行逐渐平稳，生产效率大幅提升，产能也随之得到相应提高。

加强产销协调：2021年下半年，生产和采购人员每天开碰头会，同时参加会议的还有我们的团队人员。从结果来看这个机制的运行效果是很好的，大家通报信息、提醒注意，一旦发现问题就能够及时协调、及时解决，产销衔接明显改善。

缓解人员缺口：2021年下半年，通过劳务用工的方式和绩效政策引导，加强过程管理与人文关怀，留住、用好劳务派遣人员，为第四季度的产能大幅提升发挥了积极的作用，抓住了次年销售旺季的机会。

调动生产潜能：2021年第四季度，通过下达对生产员工和管理人员的激励政策，激发大家的潜能和热情，使其连续刷新15年建厂以来的产量最高纪录。

效果评估

2018—2020年，罩级电机平均月产18.4万台，2021年度平均月产24.5万台，产能提升三分之一。

以前年度罩级电机车间最高月产25万台左右，2021年11月创历史新高达到29万台，12月又继续刷新纪录达到32万台。

2021年上半年，企业和托管团队对外转子板块都没有给予更多的关注和重视，上半年平均月产量仅为6,631台，下半年经过盈亏平衡点测算和问题分析以及订单预测，调整以后，外转子平均月产14,000

台，12 月份甚至达到了 18,198 台。

由于罩级电机产能大幅度提升，2021 年度和前三年平均数比较，增加罩级电机产值 2,160 万元，增加毛利 613 万元，增加净利 350 万元。另外，下半年外转子产量比上半年增加了 45,000 台，因此增加净利 150 万元，两项合计增加净利润 500 万元。

抓住机遇，柳暗花明

别人眼中的挑战，在我们看来却是机遇。2021 年 10 月中旬，原材料的价格再次猛烈上涨，我们紧紧抓住了这次难能可贵的调价机遇。通过信息系统实时刷新，我们发现在国庆节放假一周的时间里，销售订单达到 2,000 万元，而以前平均每月的订单金额大约为 1,200 万元。数据上的异常让我们的神经立即紧绷，马上刷新采购系统，我们发现一个惊人巧合，最近仅一周时间，铜的价格从 70,000 元 / 吨迅速涨到 76,000 元 / 吨（涨幅 9%），铝的价格涨幅更加疯狂，从 20,000 元 / 吨涨到 24,000 元 / 吨（涨幅 20%）。有些先知先觉的客户，迅速地捕捉材料价格上涨的信息，抢在该企业调价之前突击下订单，且加大了订单额度。

我从中敏感地捕捉到两点信息：一是客户在强烈预感该企业的调价动态时突击下单的行为，意味着对该企业的涨价行为有非常高的接受度。二是材料价格涨得过高可能引发政策关注，这是千载难逢的调价窗口期，而它会瞬息即逝。但是，要说服业务部门提高价格的难度非常大，必须采取措施有策略地引导，让业务员积极主动地达成调价目标。

当天晚上我就着手制作"应对材料涨价专题会议"的 PPT，并于次日早晨组织召开本次会议。会议分为五个部分：

• 表扬——肯定前期的成绩贡献

销售团队表现卓越，贡献突出。

销售订单足以支撑本年目标。

毛利控制效果超出年初预期。

应收账款管控效果令人满意。

销售及时出库加快资金周转。

企业运营进入良性循环，并创造效益。

资金问题基本解决，一举扭转乾坤。

采购交货趋于正常，攻克产能瓶颈。

生产效率大幅提升，产能屡创新高。

提前实现全年目标，扭亏为盈。

• 通报——材料涨价的严峻挑战

在我们受托管理该企业之前，原材料的价格平均涨幅已经达到 40%。

国庆节之前，原材料价格仍然一路上涨，与年初相比，其涨幅达到 30% 以上。

国庆节之后，原材料价格再次猛烈上涨，不到半个月的时间其涨幅达到 10%。

• 原材料价格疯涨——别人如何应对

供应商不断调价，采购成本大幅度上涨，一些零部件供应商也三番五次地提出涨价要求。某些竞争对手必然也会以采购铜、铝、钢铁等原材料的成本增加，上涨产品价格；某些竞争对手因为材料涨价压缩利润空间，出现了亏损，不断地与主机厂家协商调价事宜；某些竞争对手在调价未果的情况下，停止接单。

我们的客户突击下订单，表明他们知道供应商的艰难处境，预判到企业会有相应的调价动作。

• 抓住机遇——我们如何应对

对生产部门而言，当务之急是如何协调产销矛盾。

对销售部门而言，即将进入一年一度的销售旺季，必须快速提升产能，防止订单流失。

对整个企业而言，当地开始限电限产（做三停四），进一步加剧了产销矛盾（包括供应商的交货）。这意味着：客户紧急下单，产销矛盾更加突出；如何调价、如何接单是销售部门要解决的一个非常关键的问题；同时他们还面临三个挑战，一是给客户提价——形势所迫，二是开启调价窗口——机会转瞬即逝，三是可选择性接单，适当延长交期。

• 如何保障本次调价的效果

一是制定激励机制。为本次调价单独下达激励政策：将调价产生利润的5%奖励给业务员。

二是制定调价策略。哪些客户须重点关注，哪些客户应努力争取，哪些客户可以尝试沟通，以便针对性地制定调价策略。

三是拟定具体话术。我们与该企业的销售人员、财务人员一起在数据分析的基础上，对客户群体进行分类，确定其话术模板。

经过这一系列的政策调整，该企业在一周之内将80%以上的客户的价格上调成功，防止了因原材料价格波动带来的损失。

一周之后，铜的价格回落到70,000元/吨、铝的价格回落到20,000元/吨左右。通过数据驱动经营，通过管理创造效益，通过我们为该企业精心策划的这场"一周的调价行动"方案，使该企业至少产生800万元以上的销售利润。